JN115832

ビジネスとは何だろうか

竹林浩志 ［編］

廣瀬幹好 ［編・著］

文眞堂

まえがき

　ビジネスに関する書物は世にあふれている。そして，それらのほとんどが，ビジネスのやりかたの本であり，ビジネスで成功する方法について述べている。しかし，それほど役立つものはないように思う。また，本の著者自身が成功者であるかどうかも疑わしい。もしもビジネスの成功が金もうけを意味するのならば，そのような秘訣はないといってよいだろう。もちろん，金もうけのためにビジネス書を探し求めることを非難するつもりはない。

　人びとがビジネス書を求めるのは，金もうけをしたいということよりも，日々の生活に不安を感じているからなのかもしれない。ビジネスの世界はきびしい競争の世界なので，そこで働く人びとは，職の安定を失うかもしれない不安にさらされている。ビジネスは私たちの生活の中心をなしており，私たちの生活全般に影響を与え，その順調な歩みは社会の発展と密接に結びついている。要するに，ビジネスはあらゆる方法で人びとの生活を支えている。自分に大いに影響を与える存在であるがゆえに，人びとはビジネスを，ビジネスの動きを理解しようとするのである。巷にあふれるビジネスに関する書物が，果たしてこのような人びとの真摯な欲求に応えようとしているのだろうか。

　本書は，ビジネスについて真剣に学びたいと思っている人たちに，ぜひ読んでもらいたいとの思いで執筆している。本書でも利用しているすぐれた経済学書である『経済学』の著者たち（ハイルブローナとサロー）は，「人びとは自分たちの生活を脅かしている経済的な力の本質を理解したいのである。人びとは，毎朝新聞で読み，毎晩テレビで見聞きする理解しづらい言葉の意味を知りたいのである」，という。まさにそのとおりだろう。

　本書は，このような人びとが知っておくべきビジネスについての書であり，金もうけのための指南書のようなものではない。すなわち，教養あるビ

ジネス・パーソン，健全で良識ある市民になることをめざしている人たちのための書である。そして，自らの生活と社会を今より少しでも良くしたいと考え，地道に努力している人たちを元気づけるための書である。

　つまり，本書はビジネスのための（for Business）書ではなく，ビジネスについての（about Business）書である。何かを教え込もうとする意図はない。教え込まれた知識や技能はあまり役には立ちそうにないし，すぐに陳腐化してしまうだろうから。ほとんどの人びとは，自らの生活を自分の力で切り拓いていかなければならない。そのような人びとが自分の頭で考え，ビジネスを見る眼を養ううえで，本書が少しでも役立つことができればうれしく思う。

竹林 浩志

廣瀬 幹好

目　　次

第7章　グローバル化するビジネス

第8章　ビジネスの担い手としての企業

第9章　株式会社としての企業

目　次

第1章

経済の視点

1.1　市場社会と経済の主体

❖ 資本主義と市場社会

◆ 資本主義

　私たちは，資本主義という経済体制のなかで生活しています。「資本主義（capitalism）」[1]は，16 世紀頃のヨーロッパにおいて，封建制度のなかから生まれた近代的な経済生活のしくみのことです。資本主義は，イギリスをはじめとするヨーロッパ諸国や米国では，18 世紀半ばから 19 世紀半ばにかけての「産業革命（industrial revolution）」[2]を経て，その姿がはっきりと現れるようになりました。わが国の産業革命の時期は，それよりも少し後の 1900 年頃だとされています。

　資本主義について，国語辞典（『広辞苑　第六版』）では次のように説明しています。

> 封建制下に現れ，産業革命によって確立した生産様式。商品生産が支配的な生産形態となっており，生産手段を所有する資本家階級が，自己の労働力以外に売るものをもたない労働者階級から労働力を商品として買い，それを使用して生産した剰余価値を利潤として手に入れる経済体制。

　「商品生産が支配的」とは，どういうことでしょうか。商品生産とは，各人が自分の消費のために物を生産するのではなく，他人が消費するための物を自由に生産することです。資本主義以前の封建制のもとでは，私有財産

1　資本主義：私有財産制度と市場システムに基づいて，商品生産が支配的な生産形態となっている近代的な経済生活のしくみ。

2　産業革命：技術革新による機械制工場生産の成立と，それに伴う社会構造の根本的変革のこと。産業革命は，近代資本主義経済確立の指標であり，18 世紀後半から 19 世紀前半にイギリスで始まった。

(private property) が認められていませんでした。土地に縛りつけられた農民にとっての労働は義務であり，労働の成果は領主のためのものでしかありませんでした。だが徐々に，農村でも都市と同じように工業生産が小規模ながら始まり，商品生産が発展するようになりました。こうして，市場システムが形成されました。

　農民や小規模な生産者が多数を占める社会では，いまだ商品生産が支配的になることはありません。しかし，だんだんと商品生産が発展するとともに，一方では富を蓄積する人びと（資本家）が，他方では自らの労働を提供することによってしか生活の糧を手にすることのできない人びと（労働者）がつくりだされました。資本家が労働者を雇って生産を行う経済体制，すなわち資本主義社会は，このようにして誕生しました。社会の大多数の人びとが，自らの必要な物を自分で生産するのではなく，商品を購入することによって生活をするようになる社会，すなわち，商品生産が支配的生産形態となる社会が，こうして誕生しました。

　資本主義の「根本的特徴」について，ある著名な経済史家は次のように述べています。

　　（一）商品生産……が全社会的な規模にまで一般化しており，したがって経済生活の一般的な土台を形づくっているということ，（二）しかもそうした商品生産は，単純な独立の小生産者たちによるものではなく，資本家が賃銀労働者たちを雇傭して生産労働に従事させる（すなわち，労働者たちがその労働力を商品として資本家に売り，彼のために生産労働に従事する）という関係にもとづいて行なわれているということ……（大塚久雄『欧州経済史』岩波書店，1973 年，4 頁）。

◆ **市場社会の出現**

　市場社会を支える土台は，経済的自由（economic freedom）という理念です。市場システムは，経済活動が，社会の伝統や領主の命令によってではなく，市場の動きへの人びとの自由な対応にまかされているシステムです。

経済的自由の理念は，まちがいなく社会を発展させる原動力です。しかし他方で，この理念は旧来の社会に革命的な影響を与えました。

　　資本主義の経済的自由は，……一方では，それまで法的な契約を結ぶ権利を奪われていた人々にとっては，貴重な成果であった。進取的なブルジョワ商人にとっては，新しい地位へのパスポートとなった。最も貧困な階層にとってさえも，経済的契約の自由は，今までそこから這い出す機会のほとんどなかった身分から上昇できる絶好の機会を与えたのであった。しかし，経済的自由にはきびしい側面もあったのである。だれもが生きのびるために必死のあがきを続けている荒海で沈まずにいるためには，自分の力で泳ぎ続けなければならないのである。多くの商人，そして数知れないほどの失業者たちが，いつの間にか波の下に姿を消していった。／このように，市場システムは進歩と機会と充実の源であると同時に，不穏と不安定と個人的苦難の源でもあった。このような経済的自由の代償と恩恵との対立の中に，資本主義にとって今なお決定的に重要な問題が横たわっている（レスター・サロ―，ロバート・ハイルブローナー著，中村達也訳『経済学』TBSブリタニカ，1984年，10-11頁。ただし，訳文は原文に基づき変更）。

　このように，市場社会の出現は，経済的自由の恩恵として社会進歩を私たちに約束する一方で，多くの代償を払うことを要求します。つまり，「当初から，資本主義は，経済の推進力としての自由放任と民主主義的な政治的志向としての干渉との緊張関係として特徴づけられてきたのであり，それは今日においてもなお，資本主義制度の根底にある歴史的特徴」（同上書，20頁）なのです。

　資本主義の下での労働者は，二重の意味で自由な労働者であるといわれます。この場合の「自由」とは，奴隷や農奴などとはちがって身分的に自由である（自由意志をもつ）ということと同時に，生産手段から自由である（もっていない）ということ，つまり労働力を売ることによってしか生活できないということを意味します（カール・マルクス著『資本論』第1巻，参

照）。資本主義は労働者に身分の自由という恩恵を与えましたが，他方，労働者は身分の不安定という代償を払わねばならなくなったのです。それゆえ，上で述べたように，恩恵と代償の緊張関係を避けて通れないのです。資本主義社会とはそのような社会だということを，私たちは忘れてはなりません。

❖ 経済の主体

◆ 2種類の企業世界

　経済活動を担う中心は，企業です。そこで，まず企業の現状について概観してみましょう。わが国にはおよそ390万の数の企業があります[3]。その内，190万弱が会社（法人），残りの200万が個人経営ですので，個人経営の企業数がかなりあります。個人経営の企業は，売上高からみれば平均で1,500万円弱ですから，規模の小さな事業を営んでいます。企業全体の売上高に占める割合も，2%未満です。個人経営が非常に多い産業は，生活関連サービス業・娯楽業（洗濯・理容・美容・浴場業など），宿泊業・飲食サービス業（食堂・旅館・すし店・うどん店など），教育・学習支援業（幼稚園・学習塾など）などの私たちの身近な存在です（総務省「日本標準産業分類」参照）。会社の場合も，そのほとんどは規模の小さな会社です。資本金1,000万円未満の企業が会社全体の半分以上の数を占めていますが，その売上高は平均で約8,000万円，会社全体の売上高に占める割合は5%ほどです。

　上で述べた3つの産業では，売上高が300万円に満たない企業が4割を超えています。さらに，規模の小さな企業が多い卸売業・小売業を加えると，6割近くが零細な企業だという現状です。

　このように，規模の小さな企業はかなり多数あるけれども，売上高からみれば，経済全体に占める割合が小さいということがわかりました。しかし，経済的な役割を売上高からみるだけでは不十分です。企業には雇用の提供と

3　総務省・経済産業省「平成28年経済センサス―活動調査（確報）」2018年6月。

いう重要な役割があるからです。いま仮に 20 人未満の従業者がいる企業を小規模企業とみなせば，その割合は従業者全体の約 4 割近くを占めています。さらに，10 人未満でも 4 分の 1 ほどの割合になっています。要するに，小規模企業はかなりの割合の労働者の雇用者である，ということに注目しておく必要があるでしょう。

　次に，大企業についてみてみましょう。資本金 1 億円以上の企業の数は 3 万社弱，全体の 2% 足らずですが，1 社あたりの売上高は 300 億円あまりで，全体の 3 分の 2 を占めています。さらに，上場企業の上位 100 社の売上高は，合計が約 387 兆円（2018 年）です[4]。比較する時期が少し異なりますが，全企業の売上高が 1,625 兆円（2015 年）ですので，わずか 100 社の大企業だけで全体の 4 分の 1 を占めています。No.1 は，約 30 兆円の売上高を誇るトヨタ自動車です。同社は，米国の『フォーチュン』誌のグローバル・ランキング上位の常連で，2018 年には第 10 位でした。上場企業上位 100 社のうち，商社（13 社）をのぞけば，自動車（13 社），電気機器（11 社），建設（7 社），機械（6 社），石油・化学・電力（各 5 社）など，工業部門の大企業が上位に来ていることがわかります。

　このように，大企業の数は少ないのですが大きな経済的な力をもっており，経済成長の重要な原動力となっています。しかし，小規模企業も身近な産業を中心として雇用の面で重要な役割を担うとともに，起業などによって経済の活力を生みだすという意味でも重要な存在なのです（第 13 章 13.2 を参照のこと）。

◆ 家計と所得

　家計は，富をつくりだす労働力を再生産し，企業の生産物を消費するという重要な役割を担っています。わが国において，このような家計の状況はどのようになっているのでしょうか。また，貧富の差がどのようになっているのでしょうか。多くの人びとは日本が格差の少ない社会だと考えているので

---

4 「マーケット，売上高ランキング」『日本経済新聞』(https://www.nikkei.com/，2019 年 3 月 4 日閲覧)。

はないでしょうか。しかし，経済協力開発機構（OECD）は，次のように指摘しています。

　日本における所得格差は，OECD 平均より高く，1980 年代中盤から拡大している。これは，大半の OECD 加盟国と同様の傾向である。日本では 2009 年には，人口の上位 10％の富裕層の平均所得は，下位 10％のそれの 10.7 倍になり，1990 年代中盤の 8 倍，1980 年中盤の 7 倍からの増加となる。2013 年の OECD 平均は 9.6 倍だった（OECD「格差縮小に向けてなぜ格差縮小は皆の利益となり得るか。 日本カントリーノート」2015 年 5 月 21 日）。

　図表 1-1 に明らかなように，わが国の「ジニ係数」5（左縦軸）は OECD の平均を上回っています。いわゆる先進国のなかで日本よりも数字が大きいのは，イギリスと米国だけです。他方，北欧や中欧諸国は数値が低く，所得格差レベルの低いことが読みとれます。また，富裕層と貧困層との格差（右縦軸）についても，わが国は平均を上回っています。しかも，この図表には

図表 1-1　所得格差のレベル（2013 年あるいは最新年）

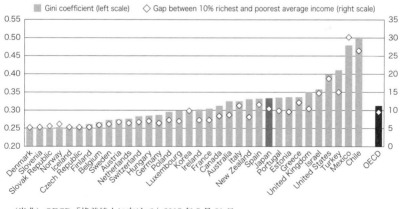

（出典）OECD「格差縮小に向けて」2015 年 5 月 21 日。

5　ジニ係数：「ジニ係数は，所得格差に関する一般的な指標。全ての者が同一の所得である場合は 0 となり，全ての所得がわずか 1 人に集まっている場合は 1 となる」（OECD による説明）。

示されていませんが，ジニ係数が大きくなる傾向がみられます。どうやら，平等社会は幻想にすぎないだけでなく，格差は確実に拡大しているのです。

　図表1-2は所得金額別に所帯数の分布を示したものです。所帯の平均所得は551.6万円ですが，中央値は423万円とかなり差があります。中央値とは，少ない金額から数えて真ん中になる数字ですから，格差の大きい社会では平均値よりも実態をかなり正確に示す数字だと考えられます。200万円未満の世帯が19.9%，100万円未満の世帯が6.2%もあるという事実には驚かされます。たとえ単身所帯であったとしても，この金額で生活をするのは容易ではなく，むしろかなり難しいと考えられます。

　では，富裕層とはどのような人びとでしょうか。大企業の役員クラス以上の所得を得る人たちと考えてもいいかもしれません。それを仮に2,000万円以上の所得のある世帯とすれば，全体の1.3%となります。しかし，その所得がずっと続くのでなければ意味がありません。2,000万円の所得を得ていたとしても，会社に属して所得を得ているのでは退職後には年金生活となりますので，富裕層とみなすことはできません。それゆえ，富裕であるかどう

図表1-2　所得金額別世帯数の分布

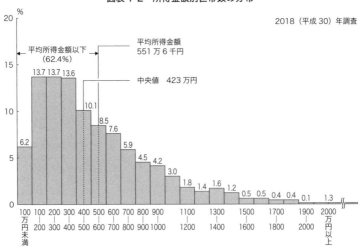

（出典）厚生労働省「平成30年　国民生活基礎調査の概況」2019年7月2日。

かは，資産の多さにも大きく影響されます。

ところで，住みよい国といわれるオーストラリアには，「投資家リタイア
メント査証（Investor Retirement Visa（subclass 405））」制度があります。
55歳以上の人を対象に，4年ごとに滞在許可が与えられます。しかし，資産
と所得の条件がかなり厳しく，地方都市で資産額が50万豪ドル以上，所得
額が年5万豪ドル以上あること，それ以外の地域では75万豪ドル，年6.5
万豪ドル以上あることが条件となっています。ニュージーランドにも，2年
ごとに更新可能で66歳以上を対象にした同じような制度があります。しか
し，こちらは，オーストラリア以上に高いハードルを越えなければなりませ
ん。

退職後にこれだけの資産と収入をもつ人たちは，まちがいなく富裕層と呼
ぶことができるでしょう。所得が2,000万円以上のわずか1.3％の人たちで
あっても（図表1-2），これらの条件を満たしてオーストラリアやニュージー
ランドに移住可能な人がどれだけいるでしょうか。ましてや，ほとんどの人
にとっては，夢のまた夢でしょう。

◆ 政府

先に示したOECDの報告書は「格差縮小は皆の利益となり得る」と述べ
ていました。そして，政府に対して次のことを求めています。

格差に対応し，万人への機会均等を推進するためには，各国政府は包
括的な政策パッケージを取り入れるべきである。そのパッケージには以下
の4つの主要分野が中核となるべきである：女性の労働市場参入を一層推
進すること，雇用機会を強化するとともに質の良い仕事を提供すること，
質の良い教育やスキル開発，仕事における適応を強化すること，より効果
的な再分配のためにより良い税・給付制度を構築することである（OECD
「格差縮小に向けて なぜ格差縮小は皆の利益となり得るか。日本カントリーノート」）。

以上のような政府の重要な役割については後に述べることにして，ここで

は政府の経済活動について概観してみましょう[6]。国と都道府県・市町村などの地方公共団体も，数は少ないながら民営企業とともに事業を行っています。事業所数でみれば全体のわずか 2.6％にすぎません。しかし，「公務」は当然のこととして，「電気・ガス・熱供給・水道業」では半分近く（47％），「教育・学習支援業」では 4 分の 1（24％）を占めていますし，「医療・福

【コラム】地方公営企業

　地方公共団体は多くの企業を運営しており，これらを地方公営企業といいます。総務省は，地方公営企業の性格について，次のように説明しています。

　　「◆地方公共団体が，住民の福祉の増進を目的として設置し，経営する企業。事業例：上・下水道，病院，交通，ガス，電気，工業用水道，地域開発（港湾，宅地造成等），観光（国民宿舎，有料道路等）　◆一般行政事務に要する経費が権力的に賦課徴収される租税によって賄われるのに対し，公営企業は，提供する財貨又はサービスの対価である料金収入によって維持される」。

　地方公営企業法の第 2 条は，上の引用例にある事業を行う企業を規定しています。これらの企業は，一般会計とは別の特別会計によって，独立採算制を取ることになっています。病院事業はそれらの企業と区別されていますが，広い意味の地方公営企業だとみなしてもよいと考えられます。公営企業は，その目的に照らして，独立採算制を維持するのが容易ではないことはだれの目にも明らかなことでしょう。その一例として，政府は，公立病院改革について次のように述べています。私たちにとって，とても重要な問題提起であると思います。

　　公立病院は，地域における基幹的な公的医療機関として，地域医療の確保のため重要な役割を果たしていますが，近年，多くの公立病院において経営状況が悪化するとともに，医師不足に伴い診療体制の縮小を余儀なくされるなど，その経営環境や医療提供体制の維持が極めて厳しい状況になっています。／このような状況の中，公立病院が今後とも地域において必要な医療を安定的かつ継続的に提供していくためには，多くの公立病院において，抜本的な改革の実施が避けて通れない課題となっています（総務省「公立病院改革」2019 年 3 月 21 日閲覧）。

6　総務省統計局「平成 28 年経済活動センサス―活動調査　（参考）国・地方公共団体の事業所を含む事業所数について」（2016 年 6 月調査，2018 年 6 月 28 日公開）。

祉」も比較的多い（6%）分野となっています。

　生活廃棄物としてのごみの収集や焼却処理の事業，公立病院，高齢者や体の不自由な人たちなどを支える公立福祉施設，道路や公共施設の建設や維持の事業などによって，私たちの生活は支えられています。企業もまた，政府による生産の受益者です。人びとや企業は税負担の重さを嘆きますが，政府は，民間企業が行いえないような事業を引き受け，また私たちの生活や民間企業の成長の基礎となる重要な役割を果たしているのです。

1.2　傾向を知る

❖ 経済成長

◆ GDP の推移

　過去と現在の経済は，規模と内容が大きくちがっています。そして，傾向としてまちがいないのは，成長しているという事実です。まずこの点を確認しましょう。次の図表は，経済の実態を表す代表的な指標の推移を示したものです。かつては国民総生産（gross national product：GNP）という指標が使われていましたが，現在は国内総生産（gross domestic product：GDP）が使用されています[7]。

　戦後すぐの 1955 年以降の経済成長はめざましく，1968 年には同じ敗戦国であった当時の西ドイツを追い抜き，社会主義国のソ連をのぞいて米国に次ぐ存在になりました。その後，2010 年に中国に追い抜かれるまで，40 年余り世界第 2 位の経済大国でした。現在も米国，中国に次いで第 3 位の位置にいますが，図表 1-3 に明らかなように，1990 年代半ば以降は GDP の成長がとまっています。

　総額ではなく，一人当たり GDP はどうでしょうか。OECD のデータによれば[8]，加盟国他 52 カ国の平均は 4 万 5,700 ドルです（2018 年）。わが国の GDP は 4 万 2,800 ドルですので，平均よりやや下の第 19 位となっています。米国は一貫して上位にいます。日本は 1980 年代後半から 1990 年代前半にかけて急速に一人当たり GDP が世界有数の国へと飛躍しますが，その後は位置を下げて現在に至っています。それに代わって位置を上げているの

7　GNP：国内国外を問わず，1 年間に国民が新たにつくりだした価値の合計金額。
　GDP：国内で一定期間につくりだされたモノやサービスの新たな価値の合計金額。
8　次の OECD のデータは非常に有益ですので，ぜひ有効に利用してください（https://data.oecd.org/gdp/gross-domestic-product-gdp.htm，2019 年 11 月 1 日閲覧）。

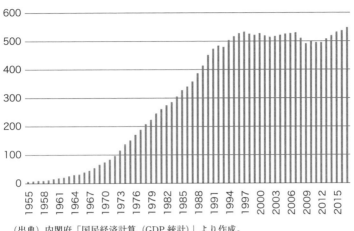

図表 1-3　わが国における名目 GDP の推移（1955〜2017 年）（単位：兆円）

(出典) 内閣府「国民経済計算（GDP 統計）」より作成。

は，スイス，ベルギー，オランダ，ドイツ，北欧諸国やカナダなどの国です。もちろん，わが国の位置が低下しているといっても，1970 年の 3,300 ドルから 2018 年の 4 万 2,800 ドルへと，金額は大きく増えてきています。

◆成長の要因

　このような長期的に安定した経済成長の要因は，いくつかあると考えられます。そのひとつとしてまず注目しなければならないのは，仕事に従事している人の数（就業者数）です（図表 1-4）。何よりも，数は力なのです。

　1955 年から 1990 年代前半まで，就業者は順調に増え続け，1.5 倍になっています。図表 1-3 の GDP の推移にぴったりと一致しています。農林水産業の就業者が大きく減少する一方で，製造業や建設業などの産業従事者は 1955 年には 4 分の 1 弱でしたが，その後高度成長期にいっきに割合を高め，1990 年代前半まで約 3 分の 1 を占めています。

　工業部門の就業者の増加は，工業部門に多額の資本が重点的に投資されたことを意味しており，重化学工業化が経済成長の重要な要因であったことを，はっきりと示しています。さらに，道路網の整備も成長に大きな役割を果たしています。わが国を代表する高速道路である東名高速道路や名神高速

図表1-4　就業者数の推移（1995～2017年）（単位：万人）

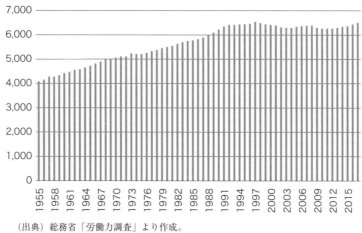

（出典）総務省「労働力調査」より作成。

道路，東海道新幹線の開通も，高度成長期を代表する大きな事業でした。

　労働生産性も重要な成長の要因です。教育水準や労働の熟練度が高まるに
つれ，技術発展とともに労働生産性が上昇し，多くの付加価値を生みだす
からです。わが国の場合，OECD加盟国のなかでみると，一人当たり労働
生産性は1980年代半ばまでは最下位あたりでしたが，1990年以降は順位を
上げ中位にいます[9]。米国と比べると，1970年には半分程度でしたが，1990
年代に入り75％前後となり，かなり上昇しました。この期間の労働生産性
の増加が，GDPの成長に大きく貢献したと考えられます。しかし，2000年
代に入るあたりからこの差は拡大し，2017年時点では3分の2程度となっ
ています。

　わが国の労働生産性はOECD平均に届いたことはなく，中位とはいえ決
して高くはありません。しかし，製造業の労働生産性は1990年代から2000
年代の初め頃までは，トップに立つなど上位にいました。ただ，その後順位
を落とし，2018年時点では第14位となっています。それゆえ，日本経済の

9　1970年：21カ国中20位，1975年：21カ国中20位，1980年：22カ国中20位，1985年：23
　カ国中20位，1990年：26カ国中15位，2017年：36カ国中21位。主要先進国7カ国では，
　1970年以降，最下位（日本生産性本部「労働生産性の国際比較〈2018年版〉」）。

成長にとって，労働生産性を高めることが重要な課題となっています。

❖ 重化学工業化とビッグ・ビジネス

◆ 高度成長と重化学工業化

わが国の経済成長の基盤をつくったのは，1950 年代半ばから 1970 年代初期にかけてのいわゆる高度成長期です。高度成長期は重化学工業化の時期であるといわれています。この重化学工業化の動きをみてみましょう[10]。1955 年から 1960 年までの製造業の国内純生産の比率をみると，農林水産業が 23.1％から 14.9％へと比重が低下している一方で，製造業は 22.5％から 29.2％へと大幅に増やしています。

製造業のなかでも，重化学工業の比率が著しく高まっています。重化学工業（金属，機械，化学）と軽工業（繊維，食料品，その他）の付加価値額の比率は，1955 年には 55.6 対 44.4 でしたが，1960 年には 65.2 対 34.8 になっています。とりわけ，一般機械，電気機器，輸送用機器などの機械工業の比重は，わずか 5 年間に 18.7％から 31.2％へと急増しています。その後の経済発展を主導し，80 年代後半以降のわが国の経済大国化に大きく貢献した車の両輪，自動車産業と電機産業の基盤がつくられていることが推測されます。

図表 1-5 は，高度成長期の後半から 1980 年までの期間について，米国製造業の生産性水準とわが国を比較したものです。図表にあきらかなように，格差は急速に縮まっています。鉄鋼は高度成長期以降，米国を大きく上回っていますし，自動車および電気機械においてはほぼ米国の水準に並ぶようになっています。そして，製造業全体をみても約 7 割の水準へと成長しています。

10　柴垣和夫『昭和の歴史　第 9 巻　講和から高度成長へ』小学館，1983 年，172-199 頁を参照。

図表 1-5　日米製造業の生産性水準（1967〜1980 年）

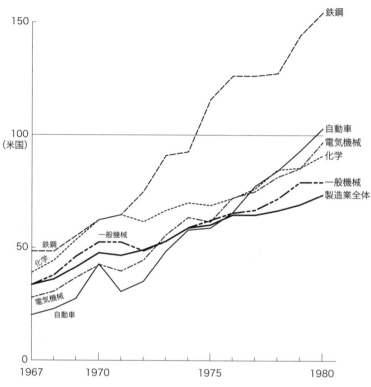

（注）　1．付加価値労働生産性の水準である。

　　　　2．1979 年および 1980 年の数字は推定値である。

（出典）科学技術庁『昭和 57 年版　科学技術白書』1982 年。

◆ ビッグ・ビジネスの時代

　高度成長期は，ビッグ・ビジネスの時代とも呼ばれています。とくにその初期に重化学工業化が進み，経済発展の基盤をつくったのです。

　"もはや戦後ではない"といって，日本経済の高度成長に"出発進行"を号令した昭和三十年代は，単に GNP（国民総生産）の高度成長期にとどまらず，企業の側面に光をあてると，ビッグビジネスの時代であった

（有沢広巳監修『昭和経済史（中）』日本経済新聞社，1994年，234頁）。

　この期間，企業の競争は活発になり，多くの大企業が形成されました。トヨタ自動車が自動車の製作に取りかかったのは1933年（昭和8年）ですが，本格的な国産乗用車トヨペット・クラウンの発表は1955年，そして乗用車生産がトラック生産を逆転したのは，11年後の1966年でした。その後の同社の成長は，周知のとおりです。その他の主要産業でも大企業の支配が進みました。少し例示してみましょう。

　高度成長が一段落した1975年における産業の生産集中度をみてみましょう。乗用車（3社：79.6％，5社：93.1％），電気冷蔵庫（62.4％，82.3％），テレビ受信機（56.3％，75.9％），銀行（18.9％，30.3％），百貨店（22.7％，33.2％），ビール（93.1％，99.3％），即席めん類（61.5％，81.8％），牛乳（50.6％，58.6％）など，かなりの集中度となっています[11]。さらに，この時期，高度成長期に形成されたいわゆる六大企業集団の経済力は際だっており，大企業のなかでも支配力が30～40％に達する力をもつようになっています[12]。

　高度成長は，ビッグ・ビジネスの時代の基盤をつくりあげたのです。

11　公正取引委員会「生産・出荷集中度調査」2016年5月。この調査は，1975～2014年までの40年間で終了している。

12　宮本憲一『昭和の歴史　第10巻　経済大国』小学館，1983年，49頁。この書物は，高度成長期の日本を理解するうえで，大変参考になる。

第2章

市場のはたらき

2.1　市場の役割

❖ 市場とは

◆ 価格の役割

　国の経済の動きを理解するためには，企業，家計，政府などの経済主体がおのおのどのように活動しているのかをみなければいけません。売り手と買い手によってどのようにモノやサービスが交換されているのかを知ることによって初めて，経済の動きを活き活きととらえることができるのです。つまり，市場の動きを理解することが大切なのです。

　市場は，売り手と買い手が自分の希望を実現しようとする場所です。しかも，売り手も買い手も複数いるので，売り手と買い手の競争だけでなく，売り手同士と買い手同士がそれぞれ競争する場所でもあります。そして市場は，だれかの命令によってではなく，社会が必要とするものを必要とする量だけ生産するように，自己調整します。価格が，生産物の配分を調整しているのです。経済学の父といわれるアダム・スミス（Adam Smith）は，価格による経済活動のこの調整システムを，「見えざる手（an invisible hand）」[1]と表現しています。

　　あらゆる社会の年々の収入は，つねにその産業の年々の全生産物の交換価値と精確に等しい……それゆえ，あらゆる個人は……必然的に，この社会の年々の生産物をできるだけ多くしようと骨おることになるのである。いうまでもなく，通例かれは，公共の利益を促進しようと意図してもいないし，自分がそれをどれだけ促進しつつあるのかを知ってもいない。……かれは自分自身の安全だけを意図し，……かれは自分自身の利得だけを意

1　見えざる手：経済秩序を形成する目に見えない力。個人が利己心に基づいて活動すれば，公共の利益を促進するような秩序が形成される，とアダム・スミスは主張した。

図しているわけなのであるが，しかもかれは，このばあいでも，その他の
多くのばあいと同じように，見えない手（an invisible hand）に導かれ，
自分が全然意図してもみなかった目的を促進するようになるのである（ア
ダム・スミス著，大内兵衛・松川七郎訳『諸国民の富（三）』岩波書店，1965
年，56頁）。

　価格は重要な経済情報の伝達者です。豆腐価格の上昇は，何らかの理由で
大豆輸入量（供給）が少なくなったことが原因かもしれません。豆腐の需要
が急に増えるとは考えられませんので。わが国の大豆自給率は1割にも満た
ず，全体の7割ほどは米国から輸入しているので，輸入量の減少は大問題と
なるのです。また，冬の味覚である松葉ガニが手ごろな価格で食べられると
いうことは，松葉ガニ漁が豊漁であることを示しています。このように，価
格は需要と供給の関係によって決まります。たとえば，みんながほしがる商
品の価格が下がれば，収入が増えることと同じなので，たくさん買うことが
できます（能力）。そしてまた，買いたいという気持ちになるでしょう（意
志）。

◆ 需要曲線と供給曲線

　図表2-1は，ある商品が7,000円のときの需要は100個，5,000円では200
個，1,000円まで下がれば400個というように，価格が下がれば需要は増え
ることを示しています。これを需要曲線（demand curve）といいます（こ
こでは直線として表示）。他方で，供給は，価格が1,000円のとき100個，
価格が5,000円では300個，価格が7,000円になれば400個というように増
加します。これを示したものが供給曲線（supply curve）です。
　いま，この商品の価格が5,000円のとき，需要は200個ですが供給が300
個なので，供給超過（売れ残り）です。価格が4,000円まで下がると，需要
と供給が250個で一致します。価格がさらに低下して3,000円になると，需
要は300個ですが供給が200個しかないので，需要超過となります（品不
足）。このように，供給超過だと価格が下がり，需要超過だと価格が上がり

図表 2-1　需要曲線と供給曲線

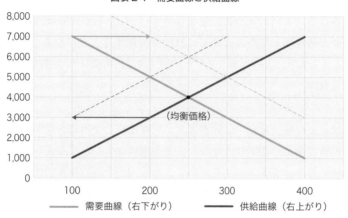

ます。価格を通じて需要と供給が調整されるのです。この需要と供給が一致する価格を均衡価格と呼び，この状態を「均衡（equilibrium）」[2]といいます。

　しかし，均衡価格がずっと続くことはめったにありません。所得が増加あるいは減少したり，供給側のコストが増減するからです。所得が上昇したときの需要曲線は，右に移動しています（点線）。元の場合（均衡価格が4,000円），商品価格が5,000円のときの需要は200個，供給は300個と供給超過でしたが，所得が上昇したため需要が300個となり，需給が一致しています（均衡価格が5,000円に上昇）。

　次に，災害などの被害やコスト増加によって供給量が減ったり，生産している商品の需要の減少が予測される場合，供給曲線は左に移動します（点線）。5,000円の商品を300個生産していたのが200個へと生産を減らすことになったので，需要に変化がないとすると価格は上昇し，均衡価格は5,000円になります。

2　均衡：「均衡とは，もはや変化を引き起こす力が働かない（または変化が生じる理由を見出すことができない）状態をいう。すなわち需要・供給問題の場合には，だれ一人として価格と数量を変えるインセンティブを持たない状態である。……重力とバネという反対方向に働く二つの力がちょうど相殺しあっている状態を均衡状態にあるという」（ジョセフ・E・スティグリッツ著，藪下史郎ほか訳『スティグリッツ　入門経済学』東洋経済新報社，1994年，149頁）。

　このように，価格によって需要供給のバランスをとるのが市場のメカニズムなのです。

❖ 配分システムとしての市場

◆ 配分システムの意味

　市場システムが意味しているのは，一方に商品を購入する意志と能力のある買い手がいて，他方に商品を市場で売る意志と能力のある売り手がいるということです。図表2-2に示すように，いま，1単位の商品をそれぞれ異なる最高希望価格で購入する意志と能力のある7人の買い手（A〜G）と，同じく1単位の商品をそれぞれ異なる価格で売り出す意志と能力のある7人の売り手（A'〜G'）がいると仮定します。均衡価格は4,000円です。

　均衡価格以上を支払う買い手（A〜D）は商品を手に入れることができますが，それができない人（E〜G）は商品を手に入れることができません。また，均衡価格以下で商品を供給する売り手（A'〜D'）は販売することができますが，それができない売り手（E'〜G'）は商品を売ることができません。たとえば，価格が5,000円のとき，買い手3人に対して売り手は5人いますが，価格が3,000円ならば，買い手5人に対して売り手3人です。この

図表2-2　市場による配分

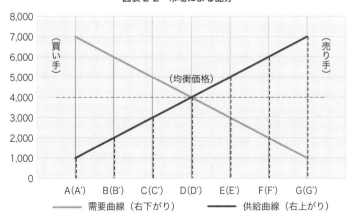

23

ように，市場は均衡価格の形成によって一部の買い手には財を配分せず，また一部の売り手からビジネスの機会を奪うのです。

　図表2-2でいえば，右半分に示された売り手と買い手は，市場の経済活動から排除されていることになります。市場は，特定の人たち，すなわちお金をあまりもっていないか購買意欲の低い人たちや，特定の価格では取引できない売り手を締め出すようになっているのです。

◆ 価格システムの長所と固有の欠陥

　価格システムの長所は，経済活動が静的ではなくダイナミックになるということと，経済活動を自己調整する機能をもっているということです。市場経済以前の社会の経済活動と比較すれば，市場経済の長所がよくわかります。

　　市場が，人類史上きわめて特異な社会的発明の一つであることは疑いの余地がない。古代の前市場社会の特質を思い起こしてみると，当時の社会が典型的に二つの困難に悩まされていたことがわかる。当時の社会が，おもに伝統によって動かされていたとすれば，その社会は惰性的で受動的で変化の乏しいものになりがちだったであろう。／古代，近代を問わず，指令システムはそれぞれ固有の問題をもっている。何かものごとを遂行するのにはよいシステムかもしれないが，問題解決の力が発揮されるためには，一定の代価が必要とされる。その代価とは，巨大な官僚制度や日常生活に介入できる特定の権威のような，経済メカニズムにおける政治権力の存在である（レスター・サロー，ロバート・ハイルブローナー著，中村達也訳『経済学』TBSブリタニカ，1984年，208頁）。

　このように，市場は，稀少な資源を適切に配分する手段としてはきわめて効率的なのです。すなわち，市場は，なんらかの形の計画化よりも効果的に，しかも自律的に，財やサービスを配分するすぐれた能力をもっているのです。

　しかし，効率的でダイナミックである一方，市場には，道徳的な面，価値観がなく人に対して非情であるという固有の欠陥があります。これまでの説明で明らかなように，富と所得のない人は何も手に入れることができず，市場経済から締め出されるという，非常に重大な問題を引き起こすということです。市場システムにおける需要は，人びとの欲求それ自体ではなく，商品を買う意志と能力があるということを意味するからです。それゆえ，市場社会では，ある程度は価格による配分システムに手を加えざるをえないのです。

　　緊急の事態には，このシステムは，貨幣の力に優先する指示を出して，社会のより裕福な構成メンバーが，稀少で高価な財を買い占めてしまわないようにする。不況の地域があれば，基本的な衣料や食糧を購入する資金のない人たちにそれらを分配する。歴史的にみると，このシステムは税制と移転によって，効率性基準よりも公正さについての社会的判断にしたがって，より広い範囲で，貨幣という配給切符を再配分してきたのである。事実，保守的視点と進歩的視点とが大きく分かれるのは，効率を求める力と公正を求める力の間の緊張をめぐってである（同上書，209頁）。

　効率性と公正さを同時に完全に満たすことは容易ではありません。したがって，効率性を求める力と公正さを求める力との関係は，私たち社会構成員の公正さに対する判断によって決まるでしょう。ここには，市場メカニズムが合理性をもっているということとともに，経済合理性だけでビジネス活動を行ってはいけないことが示されているように思います。公正さに対する社会構成員の総意にしたがって，価格システムは手を加えられる必要があるのです。

2.2　市場は万能ではない

❖ 市場の限界

◆ 情報と判断の不完全性

　市場システムは，「合理性」[3]，すなわち各人が市場についての正確な知識をもち合理的に行動することを前提としています。しかし，現実はそのとおりではなく，無知が横行しています。一般的に，市場で取引する買い手は，商品について正確な情報をもっていません。さまざまな手段を通じた学習や経験によって得た知識に基づいて購買行動をするので，正しい判断をしたのかどうかはよくわかりません。その結果，失敗したと感じたりまた得をしたと思っていても，主観的な判断にすぎないときもあるのです。このように正確な知識を得ることの難しさによって，市場メカニズムがうまく働かなくなるのです。

　当然のことですが，売り手は買い手よりも多くの情報をもっています。売り手がより適切な情報を提供すれば，買い手もより合理的に行動できるはずです。たとえば，わが国において，たばこの消費と健康との関係について，現在は注意表示が行われています。1970 年代より前にはこのような表示が行われておらず，ほとんどの人は健康との関係をあまり意識せずにたばこを消費していたことが想像されます。

　また，数多くのサプリメントが市場に投入され，市場は年々拡大しているように思います。そして，それぞれが他のものよりもすぐれているかのような宣伝をしています。そのため，消費者はどのサプリメントが自分にとって一番必要なのか，適切に判断するのは難しい現状ではないでしょうか。正しい情報の提供が望まれますが，なかなか容易には行えないのかもわかりませ

　3　合理性：各人がどうしてそのような意思決定を行ったかを，論理的に説明できること。

ん。しかし，よりよい選択ができるような情報が与えられるようになるにつれて，市場システムの欠陥が修正されていくわけですので，消費者自身あるいは政府は無知を正すように努力しなければならないでしょう。

　また，不正確な知識に加え，憶測が市場を混乱させます。銀行「取付け」[4]もまた，預金者の非合理的行動のあらわれです。買いだめや売り惜しみによる物不足は，このよい例です。1973 年秋の石油危機のとき，トイレットペーパー，洗剤，しょうゆなどの生活必需品が，一時期スーパーマーケットから姿を消しました。モノがなくなるとの憶測に基づき消費者が買いだめに走ったからです。また，商社による買いだめが行われたり，石油元売り会社が石油製品の大幅値上げ（売り惜しみ）を計画しました。このように誤った情報の入手や情報操作に基づく経済主体の行動によって，市場メカニズムは混乱し，経済と私たちの生活に大きな混乱と被害をもたらすのです。2020 年のコロナ禍でのトイレットペーパー騒動などを，思い出してください。

　経済主体に対して正確な情報を提供することは当然のことですが，その要求に応えることは現実的には容易ではありません。その結果，市場による経済活動の調整は，望ましい効率的な水準に達することができないのです。

◆ 公共財

　市場に登場しないモノ，すなわち売買の対象にならないモノについては，当然ながら価格メカニズムは無力です。このようなモノに「公共財（public goods）」[5]があります。そして，公共財には共通した性質があります。

　まず第 1 に，ある人の消費が他人の消費を妨げないようなモノがそうです（消費の非競合性）。混雑しない道路の利用や灯台の利用などがそれに当たります。私が道路を通行したとしても，他の人が通行することを妨げることにはならないからです。

4　取付け：金融機関などに対する信用不安から，預金者が銀行に殺到して預金を引き出そうとする（債務の返済を求める）状態。
5　公共財：多くの人が同時に消費でき，また個々人が他の人の消費を妨げることのできないような財。公共財の定義は簡単ではないが，サロー，ハイルブローナ著『経済学』216-219 頁を参照のこと。

　第2に，だれか他の人の利用を排除することができないということです（消費の非排除性）。水資源や国の防衛制度は，道路や灯台と同じくすべての人が利用可能な公共財です。ある特定の人が街路灯や灯台のあかりを利用するのを排除するには，多くの費用がかかってしまい，事実上不可能です。

　第3に，公共財は，個人の判断ではなく，人びとの集団的な決定によって提供されるということです。灯台建設，気象観測業務，国の防衛制度などは個人の判断で行われているのではありません。これらの例以外に，教育，医療，消防などの業務も，広い意味での公共財です。個人の判断で勝手に消防業務を行っているのではなく，火災や地震などの災害予防や被害に対処する必要性を集団で決めているわけです。もう少し説明しましょう。

　道路を民営化して通行税を課せば，うまく資源配分できるでしょうか。道路の有効利用ができるのでしょうか。お金を支払った人だけ警察を利用できるというのはどうでしょうか。天気予報も利用に応じてお金を支払ってもらってはどうでしょうか。国防費も支払う意志のある人だけに支払ってもらえばどうなるでしょうか。これらの場合，まず技術的に非常に困難であることが予想できます。さらに，大切なことは，市場に委ねられないモノ，すなわち個人の判断だけに任せられない領域が確実にあるということです。公共財は，その範囲と量を決めるのは簡単ではありませんが，市場メカニズムではなく，集団の意志としての政治的判断の領域にある問題なのです。

◆ 外部性

　「外部性（externalities）」[6]とは，個人や企業が，生産した財やサービスを直接に利用するのではない人びと（生産者からみて「外部」にいる人びと）に対して，費用を負担させたり（負の外部性），便益を提供する（正の外部性）などの影響を与えることを意味します。自動車の排気ガスは，大気汚染の原因のひとつです。また，自動車は騒音や交通渋滞の問題を引き起こしています。これらの問題に対して，自動車会社や車の所有者がすべての費

　6　外部性：市場を介さない資源配分。すなわち，生産した財やサービスを直接に利用するのではない人びとに対して，費用を負担させたり，便益を提供するなどの影響を与えること。

用を支払っているわけではなく，その他の人びとがなんらかの費用を負担せ
ざるをえません。空港の騒音問題も負の外部性の事例です。空港付近にすむ
人びとも，もし飛行機を利用しないとすればまったく利益がないにもかかわ
らず，睡眠妨害やひどい騒音に悩ませられ続けなければなりません。飛行機
を利用する近隣住民の場合も，利益よりも不利益のほうが大きいでしょう。

　他方で，発明や新たな考案は，発明者にとって利益となるだけでなく，他
人にも大きな便益を与えます。私たちの多くが使用しているフラッシュメ
モリーは1987年に東芝が発明したものです。持ち運びが便利な大容量メ
モリーの発明は，私たち消費者に大きな利益をもたらしています。わが国にお
いて1976年に考案された宅急便も，宅配便市場を生みだし，私たちの生活
が大変便利になりました。発明者（社）や考案者（社）は，必要な費用負担
を超える利益を得ているはずですが，正の外部性を得ているのは社会全体で
す。

❖ 政府の役割

◆ 2種類の政府の役割

　市場はそこで活動する人びとを動機づけ，ダイナミックに経済を成長させ
る原動力です。しかし，市場がすべてを解決するわけではなく，市場メカニ
ズムがうまく働かないところでは，政府の役割が重要になります。市場には
効率，成長という価値観が埋め込まれています。しかし，市場それ自体は社
会発展のための手段にすぎません。それゆえ，市場の価値観ではなくそこで
生活する人びとの生活を支えるという価値観がまず第1である，ということ
を忘れてはなりません。公正の観点から経済活動を評価するということが，
大切なのです。政府の果たす役割の基礎には，この視点があります。

　政府の重要な役割の第1は，市場が機能しない，役に立たない領域に，積
極的に介入して資源を配分するという役割です。すなわち，市場の失敗に対
処するという役割です。公共財の提供に関しては，社会的観点から意思決定
をしなければならないでしょう。たとえば，教育水準は社会発展の基礎とな

る重要な資源ですし，社会保障政策は国民生活の安心を支えるうえで欠かせ
ません。教育や社会保障にどの程度の予算を計上するか，重要な意思決定が
求められます。さらに，次に述べるように負の外部性への対策についても，
政府の意思決定が重要な役割を果たします。

　政府の役割の第 2 は，市場システムによる効率的な資源配分のもとで起こ
り得る問題に対する役割，たとえば，所得格差の対策という役割です。市場
が機能すればうまく財やサービスの生産や配分が行われるけれど，理想どお
りに現実は進まないので，これを促進することも，政府の重要な役割です。
また，より効率的に資源を配分するために，情報と知識の不完全性よる市場
メカニズムの機能障害に対しても対策をとらなければなりません。たとえ
ば，消費者に正確な情報を提供し，私的な独占などを取り締まり，公正な競
争を促して市場メカニズムが適切に機能する環境を整備することなどが，こ
の例となるでしょう（第 11 章（11.2）を参照のこと）。

◆ 外部性の対策

　外部性は正の場合もありますが，やっかいなのは負の外部性です。大気汚
染をなくす，廃棄物をださない技術の開発が続けられていますが，まだまだ
満足のゆくものではありません。オゾン層を破壊する冷蔵庫やエアコンの冷
媒（化学物質）に使われていた特定フロンに代わり，1990 年代から代替フ
ロンが使われています。しかし，この物質も強力な温暖化ガスであるため，
これらのオゾン層を破壊する物質に対して，国際社会も規制を段階的に強化
するようになってきています。

　このような対策には技術上の困難さがあるとともに，費用がかかります。
対策を行わず負の外部性が放置されるのは好ましくありませんが，たくさん
の費用がかかるため，放置されるということが起こります。高知市の中央を
東西に，江ノ口川という川が流れています。1950 年に流域内にパルプ工場
が立地して以降，沈殿物質のヘドロが大量にたまり，市内を歩けば匂いが鼻
につくほどのひどい状態になっていました。1970 年の台風により川が氾濫
し，ヘドロが多くの家に流れ込むという災害をもたらしました。その後，市

民の運動により，主な汚染元の工場は操業停止となりました。

　負の外部性への対策のひとつは，政府の各機関が中心になって直接的に規制を行うことです。たとえば，総合的な環境政策を担う機関として「環境省（Ministry of the Environment：MOE）」[7]が設置されています。規制は外部性対策のもっとも有効な方法であるように思います。しかし，何をどこまで規制するのかは，そう簡単な問題ではありません。

　ガソリンや軽油を燃料とする自動車は，排出ガスによって大気を汚染します。自動車会社は燃費を向上させたり，ハイブリッド車，電気自動車などの開発を行って，この対策に取り組んでいます。わが国では，1966年から自動車の排出ガス規制を開始し，年々強化しています（国土交通省のホームページを参照のこと）。しかし，技術面および費用面から，一気に規制を強化することはできません。技術開発に必要な費用を自動車会社がすべて負担することは不可能なので，この費用の一部は消費者が負担することになるからです。

　もうひとつの対策は，市場メカニズムを利用する経済的なやり方，すなわち課税や補助金制度です。いわゆる課徴金（窒素酸化物の排出課徴金，排水課徴金など）や炭素税，環境・エネルギー補助金などがあります。わが国の場合，「地球温暖化対策のための税」が炭素税にあたります。環境省は，次のように説明しています。

　　低炭素社会の実現に向け，再生可能エネルギーの導入や省エネ対策をはじめとする地球温暖化対策（エネルギー起源 CO_2 排出抑制対策）を強化するため，平成24年10月1日から「地球温暖化対策のための税」が段階的に施行され，平成28年4月1日に導入当初に予定されていた最終税率への引上げが完了しました。本税制は，石油・天然ガス・石炭といったすべての化石燃料の利用に対し，環境負荷（CO_2 排出量）に応じて広く公平に負担を求めるものです。／喫緊の課題であるエネルギー・地球温暖化

[7]　環境省：前身は，1971年に新設された環境庁，2001年に環境省設置。

　問題の解決に向けて，エネルギーの利用に伴う CO_2 の排出ができる限り抑制されるよう，国民の皆様のご理解とご協力をお願いします。

　経済的手段が規制とちがう点は，設備投資をするか課税されるかを，自ら決定できるということです。どちらの手段がよいかは，実情に応じて適切に判断しなければなりません。

◆ 大きい政府と小さい政府

　著名なフランス革命の研究者は，「自律的で自由な個人こそが社会組織と国家との究極の目的であり人類最大の遺産のひとつである」ということが，フランスの人権宣言の根本思想だと述べています（第11章（11.1）を参照のこと）。ここには，社会組織や国家が中心なのではなく，自律的で自由な個人の存在こそが社会にとって一番大切だということが，はっきりと示されています。

　これまでくわしく述べてきたように，市場は，自律的で自由な個人が活躍する場です。それゆえ，政府の重要な役割は，このような人びとを元気づけ，意欲をもたせることです。そしてまた，政府の介入をなくすることはできませんが，市場の機能を高めれば，政府の介入を少なくすることができるはずです。もちろん，政府の適正な規模がどのくらいなのか，判断することはそう簡単ではありません。

　1980年代後半のわが国は，いくぶん小さな政府をめざしていたように思います。1985年，現在の日本電信電話株式会社（NTT）グループの前身である全額政府出資の日本電信電話公社と，日本たばこ産業株式会社（JT）の前身の日本専売公社が民営化されました。1987年には日本国有鉄道が民営化され，JR各社が発足しました。民営化されたといっても，NTTの場合は政府と地方公共団体が約3分の1を所有する大株主ですし，JTも財務大臣が株式の3分の1を所有しています（2019年9月30日時点）。これに対して，JR各社については，政府や地方公共団体は大株主になっていませんが，国土交通省の定めるルールにしたがって運賃が設定されています。

　これらの例は，民間に経営を委ねることによって競争性と経済性を高めようとした結果です。その評価については意見の違いがありますが，政府の介入を少なくして市場メカニズムを有効に利用しようとする試みであったことはまちがいありません。

　最後に，政府予算の支出（歳出）構成をみておきましょう。全体の3分の1を占めているのは，社会保障費です。急速に高齢化社会となっているわが国において，医療，年金，介護，福祉などの社会保障は，政府の行うべき重要な役割なのです。地方交付税交付金等も約16％と，社会保障費に次いで大きな割合を占めています。地方交付税交付金とは，地方公共団体の財源の格差を調整し，各団体が一定水準の行政サービスを提供できるように援助するためのものです。また，その他の支出についても，公共事業，文教および科学振興，防衛など重要な項目が並んでいます。もちろん，国の借金である国債費の支払い（債務償還費，利払費等）が支出の4分の1近くもあるとい

図表 2-3　2019 年度一般会計歳出の構成（単位：億円）

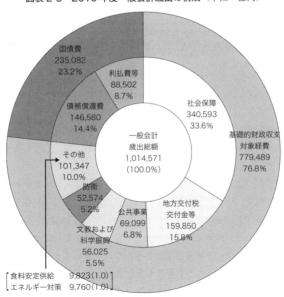

（出典）財務省ホームページより一部省略して掲載。

33

うのはいただけません。これらの私たち国民からの借金は，できるだけ少なくするように努めなければなりません。

　大きい政府と小さい政府のどちらがよいか，一概にはいえません。すでに述べたように，政府は，市場の失敗に対処するとともに，効率的な資源配分のもとで起こりうる問題に対処するという2種類の役割を果たさなければなりません。このような役割を果たすことができれば，大きい政府であれ小さい政府であれ問題はないでしょう。経済活動が活発であり，国民が安心して生活し，また老後を心配せずに過ごすことができるのであれば，いくぶん大きい政府であってもよいでしょう。もちろん，そのことが私たち自身の意志であり，また政府を支える私たちの能力の範囲内でならばですが。「自律的で自由な個人」を支える政府の役割とは何か，この問いは私たち自身がたえず真剣に考え続けなければならない課題だと思います。

【コラム】民営化

　2018年12月6日，改正水道法が国会で可決されました。水道事業は，危機的状況にあるといわれています。原則として市町村が経営を行っている水道事業は，人口減少や節水意識の高まりにより水使用量と料金収入が減少する一方で，水道管などの古い設備の更新費用がかさんでいます。各地の自治体は水道料金を引き上げていますが，改善はあまり進んでおらず，各地で漏水や破損事故が相次いでいる現状です。以上の対策のために，国は水道法を改正しました。

　重要な改正点のひとつは，「コンセッション方式」を導入したことです。長期にわたる事業の運営権を，対価と引き換えに民間企業に売却（民営化）するというやり方です。海外ではすでにこの方式がとられていますが，民営化の失敗例が相次いでおり，公営に戻した例が多数あるともいわれています。いったん決めた以上，民間企業が自己利益の追求を重視して水質を悪化させたり，水道料金がいま以上に高くなったりしないように，政府はしっかりと監視しなければなりません（飯野奈津子「水道法改正　岐路にたつ水道事業」（時論公論）」『NHK解説委員室』2018年12月6日を参照）。

第**3**章

ビジネス・マネジメント

3.1　さまざまなビジネス

❖ 衣食住のビジネス

「ビジネス（business）」[1]とは，モノをつくったりサービスを提供するさまざまな経済活動（事業）のことです。そしてまた，そのような事業を行う組織，つまり企業を意味する言葉です。経済活動としてのビジネスには，さまざまなタイプのものがあります。そこで，私たちの身近にある，生活にとって欠かせない「衣食住」についてみてみましょう。

◆「衣」のビジネス

私たちが身につける衣に関わるビジネスには，どのようなものがあるでしょうか。総合スーパー（イオンやイトーヨーカ堂など）の衣料部門，ZARA，H&M，ファーストリテイリング（ユニクロ）のような専門店，大丸，高島屋，阪急阪神百貨店などのデパート（department store）では，さまざまな衣料品を販売しています。日本にも，阪急メンズのように男性用衣料品を専門に扱う部門を独立させている百貨店もあります。

糸を布にし（職布），これを染めて服を作ります。これらのことをすべて行っている会社もあれば，その一部だけを行う会社もあります。百貨店は，誂えあるいはオーダーメイド（custom-made）といわれるように，自分の好みや体の大きさにぴったりと合うような服やシャツを買いたい人たちの要望にこたえてくれます。しかし，デパートで販売するものの多くは，既製品（ready-made）です。

また，誂えの場合でも，百貨店でつくっているわけではないのです。服やシャツを制作する会社や個人が，デパートから注文を受けて作り，納品して

1　ビジネス：さまざまな経済事業，およびそのような事業活動を行う企業組織。

いるわけです。海外の協力工場で，服やシャツを安い価格で生産，販売することも，いまでは普通のことです。身につけている服の襟などに縫いつけられている"Made in ○○"と書いてあるラベルをみれば，このことがすぐ理解できます。わが国の場合，中国製品が多いのですが，米国では中国製品のほか，ドミニカ共和国やプエルトリコなどのカリブ海諸国のものや，南米諸国で生産した製品が多数売られています。

◆「食」のビジネス

食に関するビジネスの中心は，スーパーマーケットだと思います。近年ではコンビニエンス・ストアに加えて，ドラッグ・ストアが，スーパーマーケットと競合しています。また，いろいろなタイプのファストフード（fast food）店も，私たちの食生活にとって欠かせません。

まず，「スーパーマーケット（supermarket）」[2]について考えてみましょう。私たちは，家庭で調理する食材を主にスーパーマーケットで購入しています。店には，野菜や果物，肉や魚，豆腐や牛乳，飲料や調味料などさまざまなものが売られています。店はこれらの商品を仕入れて私たちに販売していますが，商品を生産しているのではありません。もちろん，鮮魚売り場では魚を切り身や刺身に加工処理してくれますが，魚介類の生産（水揚げ）をしているのではなく，中央卸売市場や特定の漁港から直接仕入れているのです。

いまや商店街の小さな食料品店はめずらしく，比較的大きな会社が複数店舗を運営するスーパーマーケットが激しく競争する時代になりました。また，「フランチャイズ方式（franchising）」[3]によって急速に発展してきたコンビニエンス・ストア（convenience store）も，私たちの食にとって重要な役割を果たしています。もちろん，スーパーマーケットとちがって，生鮮

2　スーパーマーケット：主に家庭で調理する食料品を，セルフサービス方式で販売している店。食料品だけでなく，衣食住全般の商品をまんべんなく扱う大規模スーパーマーケットは，「総合スーパー」と呼ばれる。
3　フランチャイズ：ある企業Aが，自らの製品やサービスの提供に関して，他企業Bに対して与える許可。Aを「フランチャイザー」，Bを「フランチャイジー」と呼ぶ。

三品（肉，魚，野菜）を扱うことはほとんどありません。最近では，ドラックストア（drug store）が食料品をあつかう動きが活発で，コンビニエンス・ストアとともにスーパーマーケットの強力な競争相手になっています。

　このように，食に関するビジネスのタイプやビジネスのやり方も，時代とともに大きく変化してきました。

　近年，食材を宅配してくれるビジネスや，自宅の近くの寿司やピザなどの店の情報を提供してインターネットを通じて注文を代行してくれる新しいビジネスなどが，着実に規模拡大しています。家庭内での食事（内食）から，家庭外での食事（外食）へ，そして現在は，お持ち帰りの「中食」ビジネスの急成長が挙げられます。このような動きを，食の外部化といいます。食生活の変化は，私たちの生活スタイルの変化のようすを映す鏡のようなものです。

　食生活とは直接の関連はありませんが，ダイエット関連のビジネスも根強く，順調に成長しています。新聞の折り込みチラシやテレビショッピングでも，ダイエットに関する宣伝が目立つようになってきました。

◆「住」のビジネス

　次に，住まいに関するビジネスについて考えてみましょう。家を建てるビジネス，家を売るビジネス，住むところを紹介するビジネスや，住宅設備を製造・販売しているビジネスなどが，その中心となるでしょう。大林組や鹿島建設などのゼネコン（General Contractor）と呼ばれる大規模な建設会社は，会社の建物やマンションなどを建設します。○○ハウス，□□ホームなどの名前の会社は，主に個人の家を建築して販売します。いたる所でみかける不動産会社は，新築や中古の家（一戸建て，マンション）の販売や賃貸物件の紹介をしています。

　大学に関していえば，入学試験が終わるころには，新たな住まいを決めるためにお母さんやお父さんと一緒に賃貸マンションを探す学生の姿が目立ちます。大学の生活協同組合や賃貸情報業者が紹介してくれるので，比較的楽に大学の近くに気に入った部屋をみつけることができます。

　ホームセンター（hardware store）も，私たちの生活に大いに役立っています。米国には二大ホームセンターの Home Depot や Lowe's という大企業がありますが，わが国では DCM ダイキ，コメリ，コーナンなどの店が有名です。園芸用品から家庭用品を幅広く揃えている店です。多くのホームセンターは大規模な「チェーン店（chain store）」[4] であり，自宅すぐでなくても，車で行ける郊外の広い敷地にあり，とても便利なビジネスになっています。

　この業界と重なる家具・インテリア業界を代表するニトリも，人気が高く急成長している企業のひとつです。

❖ 世界と日本のビッグ・ビジネス

◆ ビッグ・ビジネスとは

「ビッグ・ビジネス（big business）」[5] とは何でしょうか。「ビッグ」は大きいという意味ですので，大規模なビジネス（事業）やそのようなビジネスを行う大企業を指す言葉です。小規模のビジネスや小企業を意味するスモール・ビジネス（small business）に対する言葉です。

　19 世紀末から 20 世紀初頭にかけて，経済発展が著しい米国において，ビッグ・ビジネスは出現しました。ビッグ・ビジネスの先駆者といわれるのは，1869 年に大陸横断鉄道を実現した鉄道業です。鉄道網の発展は広い国内市場を形成し，鉄鋼業や石油産業他の多くの産業においてビッグ・ビジネスを生み出しました（アルフレッド・D・チャンドラー Jr. 著，鳥羽欽一郎・小林袈裟治訳『経営者の時代（上）（下）』東洋経済新報社，1979 年を参照のこと）。

◆ 大規模事業としての公共事業

　空港の建設や整備，高速道路の建設，新幹線の拡張，ダム建設などは「公

4　チェーン店：同一の企業や個人が所有あるいは経営する多店舗展開の店。これらの店は，直営店とフランチャイズ店に分かれている。
5　ビッグ・ビジネス：大規模事業やそのようなビジネスを行う大企業。

共事業（public works）」[6]と呼ばれ，大規模なビジネスの典型的なものです。公共事業は，道路や港湾のような工業用の公共施設を整備することによって産業を発展させ，国の経済力を高めるためのものと，上下水道，病院，学校，公営住宅などの生活関連の公共施設を整備するものに分かれます。

　道路，港湾，鉄道，空港の整備は，私たちの日常生活に直接役立っています。旅をする人にとって，車，船，列車，飛行機の利用は不可欠だからです。しかし，基盤整備の目的はそれにとどまりません。産業発展の基盤をつくることが，主な目的なのです。

　東名高速道路や名神高速道路を走っている車をみれば，いろいろなことがわかります。盆，正月，連休などには家族連れの車が多数集中して利用するため，渋滞している状況がよくテレビ画面で流れてきます。また，日の明るいうちは一般の乗用車やトラックを含め仕事関係の車などさまざまな車が行きかっています。深夜と未明の高速道路は，トラックでいっぱいです。高速道路はトラック輸送の重要な手段なのです。日本が高度成長を果たすうえで，高速道路の整備が大きな役割を演じました。つまり，高速道路を建設する重要な目的のひとつは，トラック輸送の基盤を整備して産業を発展させることにあるのです。

　公共事業は私たちの生活に役立つものですし，上のようなビジネスを行うにはとても多額の資金を必要としますので，その源は税金です。政府の予算という形で，各省庁に配分されます。たとえば，2019年度の公共事業関係費は6.9兆円，101兆円の一般会計予算に占める割合は6.8％です（図表2-3）。私たちが生活する上で必要不可欠なものであっても，巨額の投資が必要であり，利益が上がらないために私企業が取り組まない事業に対して，政府が主体となって行うのが公共事業であり，いわゆるインフラ（infrastructure）整備のためのビジネスです。

6　公共事業：公共の利益のために国や地方公共団体が行う事業で，工業用途のものと生活関連のものがある。

◆ さまざまなビッグ・ビジネス

　大規模なビジネスを行うことができるのは，政府を別にすれば大企業しか
ありません。しかし，どのような大規模ビジネスも，はじめは小さなビジネ
スから始まりました。半世紀以上前の日本は，先進工業国とはとてもいえな
い状況でした。しかし，高度成長の時期をへて，わが国は現在，押しもおさ
れぬ経済大国となりました。多くのビジネスが成長して大規模化した結果，
大企業もたくさん生まれました。

　毎夏，米国の経済誌『フォーチュン（*Fortune*)』が世界の大企業のリスト
を公表していますが，いくつかの日本の大企業も上位にランクされています
（図表 3-1)。これらの大企業が行っているビジネスは，多岐にわたっていま
す。わが国からはトヨタ自動車がトップ 10 入りしていますが（第 10 位，
2018 年第 6 位)，ほぼ常に世界 No.1 の座を占めているのは米国の小売業ウォ
ルマート（Walmart）で，その売上高はトヨタの 2 倍近くあります。石油，
エネルギー，自動車，金融関係，ヘルスケア関連のビジネスが上位を占めて
いることがわかります。

　自動車産業は長らくビッグ・ビジネスの代名詞でしたし，今もそうです。

図表 3-1　売上高からみた世界の大企業

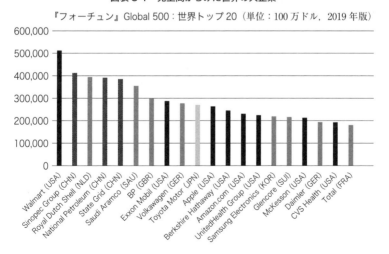

『フォーチュン』Global 500：世界トップ 20（単位：100 万ドル，2019 年版）

第9位のフォルクスワーゲン社を筆頭に，第10位にトヨタ，ダイムラー社が第18位に位置しています。フォード社，GM社，ホンダがそれぞれ，第30位，第32位，第34位となっています。石油とエネルギー産業にも，多くの大企業が存在します。上位でいえば，第2位，第4位，5位の中国企業，第3位のオランダ企業，第6位のサウジアラビア企業，第7位のイギリス企業，第8位の米国企業がその代表です。

　ヘルスケア産業の米国企業2社もトップ20入りしています（第14位，第19位）。また，IT産業を代表する米国のアップル社も上位にいますが（第11位），最近ではアマゾンが急速に売上を伸ばしてトップ20入りしています（第13位，2018年第18位，2017年第26位）。さらに，上位に中国企業が並ぶのも，近年の特徴です。

　さて，大規模ビジネスを行う大企業について，はっきりとした定義があるわけではありません。しかし，ある程度の目安はあります。資本金，売上高，従業員数などの多い企業を，私たちは大企業と呼んでいます。資本金が大きいということは，たくさんの株主が出資しているということです。売上高が大きいということは，たくさんの消費者が製品を購入しているということになります。また，従業員がたくさんいるということは，そこで働くたくさんの人たちの生活を支えているわけです。このように，大企業は社会的に大きな役割を果たしているのです。ただ，資本金などがどの程度の大きさであれば大企業と呼べるのかは，一概にはいえません。

　業種の違いも，大企業を定義するうえでの重要な目安です。たとえば，重工業分野のビジネスを行う企業（たとえば，鉄道や自動車）と流通分野のビジネスを行う企業（たとえば，スーパーマーケット）とでは，大企業といっても資本金の大きさは異なります。また，重工業分野でも装置産業の化学工業の場合，大企業であっても従業員数があまり多くない場合があります。新聞の証券欄や金融情報欄には各産業分野における主な大企業の一覧と株価が示されているので，参考になるでしょう。

3.2 ビジネス・マネジメント

❖ マネジメントとは

◆ マネジメントという言葉

ビジネスは事業，とくに企業が行う経済事業のことであり，また経済事業を行う企業組織それ自体を指す言葉です。したがって，「ビジネス・マネジメント（business management）」とは，企業が行う事業のマネジメントを意味します。

会社のトップ，組織のトップとは，「トップ・マネジメント（top management）」[7]を略した言葉で，一般に，会社経営者のような人びとのことを意味します。トップ・マネジメントと「トップ・マネジャー（top manager）」は同じ意味です。これらの人びとは，「エグゼクティブ（executive; executive officer）」とも呼ばれ，会社の経営業務の執行に重要な責任を負っている人びとです。そして，これらの経営（責任）者のうちもっとも強い権限をもっている人，もっとも重い責任を負っている人が，「最高経営責任者（chief executive officer：ＣＥＯ）」[8]です。CEO は，エグゼクティブ・オフィサーのチーフ，つまり最高位の経営責任者を意味します。

ミドルという言葉もよく使われますが，これも「ミドル・マネジメント（middle management）」の略称で，会社の部長や課長などの中間管理職と呼ばれる人たちを指します。また，「マネジャー（manager）」[9]という言葉もよく使われます。さまざまな立場で組織を運営している人たちをそう呼んでいます。"manage" には，困難なことをやり遂げる，問題に対処す

---

7 トップ・マネジメント（トップ・マネジャー，エグゼクティブ）：会社などの組織全体の責任を負っている，少数の経営者たち。
8 CEO：トップ・マネジメントのなかで最高の責任を負っている経営者。
9 マネジャー：会社などの組織のさまざまな立場で責任ある仕事を担っている人びと。一般的に，上から，"top" "middle" "lower（first-line）" の３階層からなる。

る，とりしきるなどの意味がありますが，マネジメントについて，ある辞書（*Longman Dictionary of Contemporary English*, 5th Ed.）では次のように説明しています。

"the activity of controlling and organizing the work that a company or organization does"（会社あるいは組織の仕事を統制し組織する活動）

"the people who are in charge of a company or organization"（会社あるいは組織において責任のある立場にいる人びと）

要するに，マネジメントという言葉は，働く人びととその仕事を指揮し統制するということを意味すると同時に，そのような仕事に責任を負っている人たちを指すということです。会社の上層部にいる人たちを，一般に私たちは会社の経営者と呼びます。また，それよりも下の地位でマネジメントに携わっている人たちを管理者，管理職と呼んで区別します。英語の場合には，トップ，ミドル，ロワーという言葉で両者をはっきりと区別しますが，これらのすべての人たちはマネジメントであり，マネジャーなのです。

◆ 組織とマネジメント

行為を意味するマネジメントは，会社組織やその他の組織で働いている人びとやその人たちの仕事を指揮し統制することである，と説明しました。組織のもっとも大切な財産はそこで働く人びとですので，マネジメントの本質は，人びとを指揮し統制することであるといってよいでしょう。

人びとを指揮し統制する場合，次の2つの視点をもつことが重要です。ひとつは個人に注目する視点，もうひとつは集団としての組織全体に注目する視点です。働く個々人が充実感をもち満足しているような組織は，大きな成果を挙げることができるでしょう。そのため，働くひとりひとりに対して満足と充実感を与えること，すなわち動機づける（motivate）ように絶えず心がけることは，マネジメントの大切な役目です。

また，組織は個人の単なる集まりではありません。ビルの窓から駅前広場

をながめると，たくさんの人が集まっています。また，乗り合いバスにはたくさん乗客がいます。しかし，これらの人びとの集まりを組織とはいいません。「組織（organization）」[10] には，必ず一定のやり遂げるべき目的があります。この目的をやり遂げるために，決められたやり方にしたがって協力して働く（協働）意志をもつ人びとの集団が，組織なのです。つまり，組織を効果的にマネジメントするためには，さまざまな仕事をばらばらにではなく関連づけて運営することが大切です。組織は個々人を合わせた以上の存在なのです。スポーツのチームプレーを思いだせば，よくわかるでしょう。

　要するに，「マネジメント」[11] という仕事は，組織の目的をやり遂げるために，組織全体の立場から，働く人びととその仕事を指揮し統制することなのです。

❖ マネジメントの役割

◆ 仕事の段取りをつける

　組織のなかではたくさんの人びとがいろいろな役割を分担して，毎日仕事をしています。市役所に行ったり，銀行にお金をおろしに行ったときなどの光景を想像してください。みんなそれぞれに，自分の役割にしたがって仕事をしているのがわかります。これらの役割は，誰が決めたのでしょうか。新しくて小さな会社のような組織ならば，おそらく社長が自分ひとりで，あるいはだれか親しい人に相談して決めたのでしょう。役所や長く続いている会社ならば，長年の経験からいろいろな決まりができているはずです。

　やらなければならない仕事はたくさんあるのです。そこで，仕事の重要性を考えて，いついつまでに何を，誰が，ということを考えなければなりません。どのような組織でも仕事の段取りをつけ，それに基づいて仕事を行っているわけです。これらの仕事の段取りをつけて組織の目的をやり遂げるとい

10　組織：一定の目的をやり遂げるために，決められたやり方にしたがって協働している人びとの集団。
11　マネジメント：組織目的をやり遂げるために，人びとの協働を指揮し統制すること。

う重要な仕事が，マネジメントなのです。

　各組織には，それぞれ異なる目的があります。自動車を生産する会社であれば自動車生産，家電製品を生産する会社であれば冷蔵庫などの生産，スーパーマーケットであれば家庭用食材の販売が目的です。それぞれちがったビジネスを行っています。しかし，業種がちがっても，共通した仕事は意外に多いのです。

　たとえば，ある商品を生産するためには，原材料を調達しなければなりません。どこからどのようにして安くて良質の原材料を仕入れるか，原材料の種類はちがっても，それらを調達するという仕事は，自動車産業，電機産業，スーパーマーケットであれ，必ず行わなければいけない仕事なのです。

　また，どのような商品が求められているのか，人気があるのかを調べることが大切です。マーケティングという仕事が，これに関わる仕事です。さらに，すばらしい製品を開発する能力をもつ人材や，優秀な営業マンの獲得も欠かせません。これらの人びとを募集，採用，訓練する仕事も不可欠ですし，どこの会社でも力を入れている分野です。

◆ マネジメントの職能

　マネジメントという仕事は，多くの仕事の段取りをつけて組織の目的をやり遂げることです。ビジネスを行うために，組織には○○部，△△グループ，□□課，◎◎係などと呼ばれるさまざま部門がつくられ，それぞれが固有の役割をもっています。このような組織の部門がもつ固有の役割のことを「職能（function）」[12]，各職能を担っている部門を職能部門といいます。

　多くの組織にとって，どの職能が重要なものなのかをはっきりと示すことは簡単ではありません。しかも，会社の「組織図（organization chart）」[13]をみてもわかりにくいと思います。しかし，モノを仕入れる，モノをつくる，モノを売る，記録をつける，人を雇うことなど，おそらくどの組織にも必要とされる基本的な職能があることもまた事実です。そこで，以下ではこ

12　職能：組織の各部門がもつ固有の役割。人事，生産，販売，総務，経理など。
13　組織図：組織におけるさまざまな職能の権限関係を示した図表。

のような基本的な職能について，ある程度の規模の組織を念頭において考え
てみましょう。

　まず，どのような組織においても欠かせないのは，人に関する職能でしょ
う。人事部，人事課などの名前で呼ばれています。資金管理や経営情報を扱
う職能としての財務や経理に関する職能も大切です。モノやサービスを提供
する職能としての生産，業務，事業部門は，会社の骨格となる職能部門で
す。製品企画や販売などの職能に関する研究開発やマーケティング部門もな
くてはならない重要な職能です。

　以上の業務が順調に進むようにサポートする職能として重要なのが，総務
や情報部門です。顧客満足がビジネスの成功にとっての最大のカギであると
いうことから，最近は顧客サービスの職能を重視している会社も多くなって
いるようです。

◆ マネジメントと経営判断

　「宅急便」のことを知らない人はいないでしょう。しかし，国語辞典には
「宅急便」ではなく「宅配便」の項目だけがあり，「一般家庭に，軽量な小口
荷物を配達する輸送サービス」（『広辞苑　第六版』）と説明されています。な
ぜでしょうか。その理由は，宅急便がいろいろな名前がつけられている宅配
便のうち，ヤマト運輸が行っている宅配便の商品名だからです。宅急便が宅
配便という名を広めた，という事実を知っておくべきでしょう。

　1970 年代前半まで，個人の家から家へ荷物を送るのはそう簡単ではなく，
小包郵便物（ゆうパックの前身）や，ある程度の重さの荷物ですと鉄道を利
用する鉄道小荷物を使うしかありませんでした。そして，鉄道小荷物は配達
してくれませんので，鉄道駅で受け取る必要がありました。駅に持ち込み，
駅で受け取るしか方法はありませんでした。

　宅急便の営業開始は，1976 年 1 月です。初日の取扱個数はわずか 11 個
だったそうです。「内心，厳しいなと思った」（小倉昌男『経営はロマンだ！』
日本経済新聞社，2003 年，122 頁），と考案者のヤマト運輸元社長の小倉昌男
氏はふり返っています。第二次世界大戦前には日本一のトラック運送会社

だった大和運輸は戦後，長距離トラック輸送に出遅れ，1970年ごろから危機に直面しました。その時，創業者の父に代わり社長になったのが，小倉昌男氏です。

小倉は，理想的な運送会社をめざした「多角化（diversification）」[14]戦略をやめ，商業貨物のトラック運送から個人宅配へとターゲット市場を転換し，サービスを絞るという思いきった経営判断をしました。サービスを絞るという発想が，牛丼の吉野家の新聞記事がヒントとなったそうです。また，身近な経験もヒントになったと述べています。自分の子供の洋服のお古を親戚に送ろうとしたとき，運送会社を経営している自分が送る手段をもっていないこと，つまり運送会社が家庭をターゲットにしていないことに気づいた，と。

そして第3のヒントは，パック旅行という商品でした。これは，面倒な作業を自分でしなくても旅行会社がすべてやってくれて旅行ができるという商品です。これにヒントを得た小倉は，便利なサービスをひとくくりにしたサービスを商品にすれば，家庭の主婦が買ってくれるのではないか，主婦の

【コラム】経営はロマンだ

　小倉昌男氏の次の言葉には，経営に対する考え方のエッセンスが示されています。「経営はロマンである。だから経営は楽しい。目標を決め方法を考え実行する。この間の緊張感が堪らない。／目標を決めるときに考えるスタンスを決める。スタンスを決めるということは視点を確認することである。視点が定まらないと計画の成功は覚束ない。私は徹底して顧客の視点を重視した。自画自賛になるが，宅急便が成功したのは，利用者の視点を忘れなかったからだと思う。／宅急便を考えたとき，単なる一企業の事業ではなく，社会的なインフラになるし，そうしたいと思っていた。思い上がったことだったかもしれないが，それは私の『志』だった。私は経営者に必要なのは『志』だと思っている」（『経営はロマンだ！』4頁）。みんながみんな，経営者になれるわけではありません。そして，経営者にかぎらず，「志」のない者がリーダーに決してなれないことは，明らかでしょう。

14　多角化：本業以外の多くの分野に事業を拡大したり，異なる種類の製品を多数つくることによって成長を図ること。

ニーズに応えられるのではないか，と考えました。さらに，ネーミングについては，小倉が考案した「宅急便」は，卓球を連想させていまひとつという意見も会社内で強かったようですが，宅配，速い，便利というサービス内容を表現するのによいと考えてこれに決めたと述べています。

　宅急便の誕生のおかげで，生活が本当に便利になりました。そのことはみなさん自身が実感していると思います。まさに小倉の経営判断は，ヤマト運輸を救い，その後の成長を保証するとともに，私たちの生活に革新的な恩恵を与えたのです。

第**4**章

ビジネスと情報

4.1　ビジネスと情報技術

❖ 情報技術とは

◆ 情報とデータ

「情報」と「データ」という言葉は，一般的に同じような意味で使われたり，意味の違いが強調されたりすることがあります。たとえば，「情報化社会（information-oriented society）」[1]という表現をよく耳にしますが，データ化社会という言葉をあまり聞くことはないと思います。情報化とは，情報を処理し伝達するコンピュータ（computer）などの情報通信機器の利用が，ビジネスや私たちのふだんの生活に大きな影響を与え，欠かせなくなる範囲が広がることをいいます。一方，データ化というと，事実や数値が氾濫した状態，それらによって管理される状態をイメージする人も多いのではないでしょうか。

どうも両者の内容には大きな違いがあるようです。そこでまず，おおまかに情報とは何かについて考えてみましょう。

「情報（information）」[2]とは，「①あることがらについてのしらせ。『極秘──』」②判断を下したり行動を起したりするために必要な，種々の媒体を介しての知識。『──が不足している』」（『広辞苑　第六版』）となっています。このふたつの説明から，情報とは，人間にとって何らかの程度で必要なものであることがわかります。情報の受け手，情報を手にする人にとっての意味（価値）を問題にしているということです。もちろん，①は情報の受け手にとっての必要度を記していませんので，②よりも広い定義となっています。①の定義からは，最重要な「極秘情報」以外の，重要でないしらせも含

1　情報化社会：コンピュータなどの情報通信機器の利用が，ビジネスや生活に大きな影響を与え，不可欠になる社会のこと。
2　情報：人間にとって何らかの程度で必要なしらせ。一定の場面で必要とされるデータ。

むからです。

　次に，同じ辞典でデータについてみておきましょう。

　「データ (data)」[3]とは，「①立論・計算の基礎となる，既知のあるいは認容された事実・数値。資料。与件。『実験――』②コンピューターで処理する情報」となっています。①の意味では，実験や調査によって得られた事実，数値などの客観的な資料のことであり，情報の場合とはちがってデータの入手者にとっての意味を問題にしていません。②の意味では，情報と同じということになります。

　しかし，「データ処理」（data processing）という項目をみると，「必要な情報を得るためにデータに対して行う一連の作業。たとえばコンピューターによって，大量の資料について集計・分類・照合・翻訳などの算術的・論理的処理を行うこと」と説明されていますので，情報は，データを必要性に応じて加工したものであることがわかります。

　要するに，一定の場面で必要とされているデータが情報である，と考えられます。データをあえて日本語にするなら，「入手した事実や数値などの客観的な資料」あるいはシンプルに「入手した事実」（facts）となるでしょう。

◆ 情報技術とは

　さて，情報技術とは何でしょうか。情報を処理する技術および情報を伝達・通信する技術のことを「情報技術（information technology：IT）」あるいは「情報通信技術（information and communication technology：ICT)」[4]といいます。処理することと伝達・通信することは別のことですので，少し説明をしておきます。

　情報処理（information processing）は，「数字・文字・物理量などによって表された情報について，コンピューターにより計算・分類・照合その他の処理をすること」（『広辞苑　第六版』）とありますから，先に説明したデータ処理をコンピュータによって行うことだと考えられます。

3　データ：実験や調査によって得られた事実や数値などの客観的な資料。
4　情報技術，情報通信技術：情報を処理する技術および情報を伝達・通信する技術。

　情報を処理する技術の発展だけでもビジネスや私たちの生活に大きな影響を与えます。たとえば，マイクロソフト社のワードやエクセルなどのソフトウェア（software）のことを考えてみてください。文書を手書きしていた時代，修正したり内容を大きく変えるには書き直さねばならず，その手間は大変なものでした。大学生が卒業論文を清書するためだけに何日もかけていたことが，いまとなってはなつかしく思い出されます。数値の計算の便利さも格段に進歩したのは，そろばん，電卓，表計算ソフトを比べればすぐにわかるでしょう。

　次に，伝達や通信は，英語の"communication"のことです。コミュニケーションとはお互いを理解するために連絡し合うことですから，伝達や通信は一方通行ではなく双方向であることを理解しておく必要があります。情報通信は，主にコンピュータなどを使った情報のやりとりのことを意味します。私たちは，データを集めて加工する（情報処理），集めたデータや加工したデータをお互いにやりとりする（情報通信）ことによって，ビジネスを効率化し生活を快適なものにしているのです。

　情報処理技術に通信技術の進歩が加われば，とても大きな変化が起こることが予想できます。たとえばファクシミリ（facsimile）を考えてください。電話の回線を使って文章や図を送ったり受け取ったりするこの道具の登場によって，電話では正確に伝えられなかった情報を伝えることが可能になり，ビジネスや生活が大変便利になりました。

　しかし，ファクシミリによる情報通信の弱みは，送信（受信）回数に応じて情報が劣化し，情報を正確に保存し再現することができないということです。コンピュータによるEメールがこの弱点を克服し，情報の劣化を防ぎ，コミュニケーションの質をよくすることが可能になりました。Eメールで送った情報は，受け手がそれを再現できますし，お互いに同じ情報をもつことができます。

　コンピュータのような情報機器は，「デジタル（digital）」技術にもとづいています。写し取る（相似）という「アナログ（analog）」[5]技術では正確に情報を伝達し保存することができませんでした。それをデジタル技術が可能

にしたのです。たとえば，従来のカメラにデジタル・カメラが取って代わりました。フィルムに保存された情報は，フィルムを焼き増すたびに劣化しますが，デジタル・カメラはこの弱点を克服しました。

❖ ビジネスと情報技術

◆ ウェブ社会

　現代の特徴は，情報処理の手段と情報通信の手段がデジタル化によって結びついているということです。つまり，情報のネットワーク化が急速に進んでいるということです。私たちは，自宅や職場のコンピュータ，スマートフォンなどによって世界中の人びとと通信が可能な社会，いわゆる「ウェブ社会」[6]に生きているのです。ビル・ゲイツは，このように情報ネットワークが進んだ社会でよりよく生きるための生活や労働のスタイルを，「ウェブ・ライフスタイル（web lifestyle）」，「ウェブ・ワークスタイル（web workstyle）」[7]と名づけています。

　私たちの多くはいつの間にか，職場や家や外出先で，コンピュータやスマートフォンなどを使ってEメールをチェックしたり，音楽を聴いたり，動画を見たり，検索ソフト（search engine）でいろいろなことを調べるということに慣れてしまいました。1990年代後半ころがその転機でしょう。ウェブ社会の幕開けです。わが国でウインドウズ95というシステムを搭載したコンピュータに人気が集まったのは，1996年でした。これ以降，インターネット（internet），「ウェブ（World Wide Web：WWW）」[8]という言葉が，普通に使われるようになりました。

5　デジタルとアナログ：音声や画像などをすべて電圧・電流などの量で表現するのがアナログで，それらを数字（digit）の列で表現するのがデジタル。

6　ウェブ社会：ウェブ・ライフスタイル，ウェブ・ワークスタイルが普及した社会。

7　ウェブ・ライフスタイル，ウェブ・ワークスタイル：消費者や労働者が，デジタル機器やデジタル接続を活用して仕事の仕方や生活の仕方を変えていくにつれて当たり前になっていく新しい暮らし方や働き方（ビル・ゲイツによる定義）。

8　ウェブ：HTTPという通信規約（プロトコル）を使った，インターネット上の情報ネットワーク。インターネット・エクスプローラーは，ウェブ閲覧ソフトの代表。

　ただ，当初は通信に使う回線の問題から，通信速度が遅く，またあまりた
くさんの情報の通信はできませんでした。たとえば，一般の家庭では電話回
線を利用していましたが，一般家庭の電話回線はひとつだけでしたから，イ
ンターネットを利用する間は電話ができない，画像などの受信に長時間かか
るといった問題がありました。音楽や動画の受信は，とうてい無理でした。
現在は情報技術が飛躍的に進歩し，快適なウェブ生活ができるようになって
います。

　以上の説明からわかるように，一般に「情報技術」(IT) とは，単なる情
報処理技術を意味しているのではなく，「情報通信技術」(ICT) を含んだも
のとして使用していきましょう。

◆ 事実に基づく経営

　マイクロソフト社の共同創業者であるビル・ゲイツ（Bill Gates）は，
1999 年に出版した自著で，「事実の力で経営しよう」と書いています。あた
り前のことです。事実を正確に理解せずに経営することは，不可能だからで
すから。しかし，多くの企業は，本当に事実に基づいた経営をしているので
しょうか。

　事実とは何でしょうか，事実を理解するということはどういうことなので
しょうか，またそうすることは難しいことなのでしょうか。結論から言え
ば，難しいと言わねばなりませんが，ビジネスの成功のためには永遠に欠か
せない作業なのです。

　ビル・ゲイツは，ウェブ社会では情報技術をいかに有効に利用するかがビ
ジネスの成功と失敗をわける，といいます。事実の力で経営するとは，情報
技術の有効利用によって，おびただしい受動的なデータを自らのビジネスに
役立つ有用な情報に変えることのできる体制を整えるということです。よい
情報がすばやく流れる体制をつくることによって初めて，競争相手の企業の
力，顧客の要求の変化や，新しい市場の動向などについての「事実」を理解
することが可能になるのです。しかし，よい情報がすばやく流れる体制をつ
くること，これが簡単ではないのです。

ビル・ゲイツは述べています。ビジネスの問題のほとんどが情報の問題と考えているトップの経営者でも，今すぐに必要な情報が手元にないことを当たり前だと思っているのだと。彼は，必要な情報をつねに手元に置くことを可能にする理想的な体制を，「デジタル・ナーバス・システム（digital nervous system）」[9]と呼んでいます。翻訳すれば，「デジタル神経系統」となります。すなわち，組織が人間の神経系統のようなものをもつことの大切さをいっているのです。私たちは，自分が必要な情報がすぐに手に入る環境にいるのでしょうか。また，自分にとって必要な情報がすぐ手に入る環境をつくろうと努力しているでしょうか。心に留めておくべき重要な指摘だと思います。

【コラム】GM 社の経営哲学：事実を追い求める

　ゼネラル・モーターズ（GM）社をアメリカ最大の自動車会社にし，30 年以上にわたり数々の経営改革を成功させた元 CEO のスローン（Alfred P. Sloan, Jr.）は，自伝で次のように述べています。

　意思決定を行う場合には，直感やさまざまな公式のやり方が重要であるかもしれない。だが，「事業上の意思決定を下すのに先立つ大きな仕事は，絶えず変化するテクノロジーや市場などに関して事実を探し求め，受け入れることである。テクノロジーが急激に変化する今日，事実を追い求める姿勢をいかなる時も崩してはならないだろう」。したがって，GM 社は，「意思決定は事実をもとに行う」(the factual approach to business judgment) ことを経営哲学の柱にしているのだと。アルフレッド・P・スローン・Jr. 著，有賀裕子訳『[新訳] GM とともに』（ダイヤモンド社，2003 年。原著出版，1963 年）を参照してください。すばらしい書物です。

　しかし，長らく世界の自動車業界のリーダーとして君臨してきた会社創設 100 年余の歴史を誇る GM 社が，2009 年に経営破たんしました。世界を揺るがす大事件でした。事態を重くみたアメリカ政府を中心とする全面的支援によって再生し，新生 GM 社が発足しました。

9　デジタル・ナーバス・システム：企業がその環境を認識して反応し，競争上の課題や顧客ニーズを感知し，タイムリーな反応ができるようにサポートする情報技術のしくみ。

4.2　ビジネスと会計情報

❖ 会計の役割

◆ 経済活動と企業会計

　経済活動は，個人だけでなく企業や政府も行います。企業は貨幣によって原材料などの商品を購入し，製品を販売して貨幣を得ます。政府は法律に基づいて税金を徴収し，その税金で物を購入して，その物によって国民や住民にサービスを提供します。

　私たちの経済活動を貨幣の量で測って記録に残しておくことは，過去の経済活動を理解できるだけでなく，将来の経済活動に役立てることができます。私たちの祖先はこうしたことに早くから気づき，会計を発達させてきました。たとえば，会計の技術のひとつである複式簿記は，500年以上も前に開発されているのです。コンピュータもない時代から，手作業による高度な情報を取り扱う技術が開発されていたのです。

　企業は，さまざまな商品を販売することをビジネスの目的とし，その目的実現のためにさまざまな営業活動を行います。また，企業は，ビジネスを行うために資金を必要とします。それゆえ企業は，貸手から資金を調達するための特別な活動を行う必要があります。このように，「企業活動」[10] は，事業の中心である営業活動と，営業活動をするために必要な資金の調達（財務）活動に分けることができます。

　「会計（accounting）」とは，企業の経済活動（営業活動と財務活動）を一定の規則にしたがって貨幣量で記録して，記録されたデータから財務諸表などの報告書に盛り込まれる会計情報をつくりだし，これを利用者に報告する行為や技術です。もう少し詳しく説明しましょう。

10　企業活動：基本的には，事業の中心である営業活動と，資金調達に関する財務活動に区分される。

　「一定の規則」に相当するものが，簿記と呼ばれる技術です。まず，簿記によって，企業活動を一定の規則にしたがって認識し，これを記録します。そして，記録されたデータを利用目的にしたがって加工（評価・測定）する，つまり会計情報をつくりだす行為が続きます。この行為や技術が，狭い意味の「会計（狭義）」[11] です。

　さらに，利用者に報告する行為は，財務報告とか開示，あるいはディスクロージャー（disclosure）と呼ばれています。したがって，データの記録や加工だけでなくその報告（開示）を含む広い意味の「会計（広義）」[12] とは，すでに述べたように，企業活動を一定の規則にしたがって記録し，評価・測定し，報告する技術あるいは手続きのことです。

　以上の説明からも，ビジネスに携わるすべての人びとにとって，会計がなくてはならないものだということがわかると思います。会計はビジネス世界の言語といってもよいでしょう。会計情報がなければ，私たちは，企業の経営活動を理解することができません。企業同士も安心してお互いに取引することは，まず不可能でしょう。このように，企業がビジネスを行う上で，会計はとても重要な役割を果たしているのです。会計を行う組織には政府や学校などの非営利組織もありますが，営利組織としての企業が行う会計を「企業会計（business accounting；accounting for business enterprise）」[13] といいます。

◆2つの企業会計

　利用者に役立つという見方からすれば，会計には少なくとも2つの分野があると考えられます。その2つの分野とは，「財務会計」と「管理会計」です。

　「財務会計（financial accounting）」[14] は，株主や銀行などの会社外部の

11　会計（狭義）：過去に記録されたデータを，利用目的にしたがって加工する行為や技術。
12　会計（広義）：企業の経営活動を一定の規則にしたがって，記録，評価，報告する行為や技術。
13　企業会計：営利組織としての企業が行う会計。
14　財務会計（外部報告会計）：主に資金調達のために，企業外部の人間に自社の状態を伝達することを目的とする会計。

人たちに会社の財産や利益の状態を報告（公表）し，企業の資金調達に役立てることを目的としていますので，「外部報告会計」とも呼ばれます。いろいろな法律制度の決まりや一定の会計基準にしたがって外部に報告するため，制度会計といったりもします。財務会計では，各会社の会計情報が比較できるように，損益計算書や貸借対照表などの財務諸表を作成します。

　「管理会計（managerial accounting）」[15] は，企業内部の組織の下位者（一般の従業員や下位の管理者）から上位者（経営者や上位の管理者）へ，あるいはスタッフ部門からライン部門へ，良好なマネジメントに役立つ資料を提供することを目的としていますので，「内部報告会計」とも呼ばれます。

　要するに，ビジネスを行うのに役立つための会計が管理会計であり，ビジネスを行うのに欠かせない資金調達に役立つための会計が財務会計です。企業の資金調達の方法に関わりなく，ビジネス・マネジメントの一環としての管理会計は，どの企業にとっても重要だと考えられます。しかし，規模が小さい企業では，簡単な財務会計があるだけで，管理会計のない場合もあるようです。しかし，すぐれた経営意思決定の基礎となる管理会計がビジネス・マネジメントにとって重要だということを，私たちはしっかりと肝に銘じておかねばなりません。

❖ 会計の機能と信頼性

◆ 会計の機能

　会計の機能（役割）とは何でしょうか。企業内部の経営者や管理者も，企業外部の利害関係者（投資者を代表とする）も，毎日多くの「意思決定（decision making）」[16] を迫られています。会計は，経営者や投資者の意思決定を支援する，つまり，これらの人たちの判断に役立つ材料を提供する機能を果たしています。これが意思決定支援機能といわれる「会計の機能」[17]

15　管理会計（内部報告会計）：企業のマネジメントをうまく行うために，貨幣額で示された情報を企業内部に伝達する会計。
16　意思決定：何らかの問題の解決策を一定の基準に基づいて選びだすこと。

です。

　そもそも会計は，経営者や投資者の意思決定を支援するために，その判断に必要な情報を提供するので，この機能は情報提供機能ともいえます。管理会計に期待されるのは，まさにこの意思決定支援機能，情報提供機能なのです。財務会計では，この情報提供機能という用語が限られた意味で使われ，投資者のための情報提供機能のことを情報提供機能と呼んでいるので，少し注意する必要があります。

　要するに，会計の役割は，すべての人びとに意思決定の際の判断材料を提供することです。ところが，企業以外のさまざまな人びとが会計情報を利用するようになると，会計の機能が複雑になります。

　財務会計では，「アカウンタビリティ（accountability）」[18] 遂行機能，利害関係者間の利害を調整する機能などの役割が強調される場合もあります。他人の財産を預かる者（受託者，代理人）は，財産所有者（委託者，本人）に対して，預かった財産がどのように変化したのか報告，説明する必要があります。これを受託者の会計責任（スチュワードシップ・アカウンタビリティ）といいます。受託者（stewardship）の，委託者に対する説明責任（accountability）という意味です。

　また，企業を取りまく関係者の利害が対立しているときには，これらの人びとが納得できるような共通の情報が必要になるでしょう。それゆえ，会計に利害調整機能が求められるのです。これらのさまざまな利害のうち，投資者は，とくに将来の投資成果に関心をもっていますので，会計に対して投資意思決定のための情報提供機能を求めます。企業をとりまく利害関係者は，投資者に限りません。たとえば，会社に課税しようとする課税当局（政府），会社からの所得で生計を立てている従業員，会社に融資をしようとする銀行などの金融機関，会社がある地域の住民なども，会社に対してさまざまな利

17　会計の機能：経営者や投資者の意思決定を支援する意思決定支援機能，つまりこれらの人たちの目的に役立つ情報を提供する機能。

18　アカウンタビリティ：一般的には，権限と責任をもつ人は，それを委ねた人に対して成果を報告し，活動の正当性を説明する義務がある，という意味。説明責任と訳される。

害（関心）をもっています。

　このように，「意思決定支援機能の種類」[19]にはさまざまなものがあります。

◆ 会計情報と信頼性

　会計情報は，情報をつくる人とこれを監査する人以外には，その内容が正しいのかどうかを判断することが困難です。私たちは，提供された会計情報を信頼し，行動しているのです。しかし残念ながら，情報操作が行われ，不適切な会計情報が公表されることもあるのが現実です。

　比較的最近のことですが，日本を代表する電機メーカーの東芝が，不適切

【コラム】有価証券報告書，開示情報を充実

　「上場企業は2019年3月期決算から，役員報酬の決め方の開示が義務付けられる。業績に連動して増減する報酬が報酬総額に占める割合や，どの指標に基づいて報酬を算出するかといったルールだ。日本企業は欧米に比べ報酬額は低いものの，決定プロセスが分かりにくいとの批判があった。……一般に役員報酬は3階建構造となっている。①従業員の月給にあたる基本報酬②ボーナスにあたる年次賞与③在任期間中の貢献度に応じた長期インセンティブだ。①が固定なのに対し，②や③は業績に応じて増減する仕組みで『業績連動報酬』と呼ばれる」（『日本経済新聞』2019年2月21日付）。

　同紙によれば，2017年度の日本のCEOの報酬の中央値は1.5億円なのに対して，米国のCEOは14億円，ドイツ7億円，英国6億円，フランス5億円となっています。日本と他の国との大きな違いは，基本報酬の占める割合です。日本の場合は基本報酬が約半分を占めていますが，他の国はその比率がかなり少なくなっています。とりわけ米国の場合，長期インセンティブが報酬全体の7割を占めています。

　他国のCEOと比べれば日本のCEOの報酬が少ないのは明らかですが，他国の水準，とりわけドイツや英国並みに引き上げればよいというわけでもないでしょう。優秀な経営人材確保という横並び意識は，おもわぬ危険を伴うかもしれませんので，わが国の伝統を尊重して慎重に判断すべきことであると考えます。

19　意思決定支援機能の種類：管理会計の情報提供機能。財務会計の（委託者に対する）アカウンタビリティ遂行機能，（さまざまな利害関係者に対する）利害調整機能，（投資者に対する）情報提供機能など。

会計（粉飾決算）を行っていたという衝撃的な事件が明らかになりました
（2015年4月発覚）。この事件に関する第3者委員会の調査報告書によれば，
同社の利益至上主義という組織体質が根源にあり，外部監査を行う会計監査
人にもわからぬような操作を何年にもわたってくり返していたということで
す（『日本経済新聞』2015年7月21日付）。まったく許されざる行為です。

　すでに述べたように，会計情報は，利用者の意思決定を支援するという重
要な役割を担っています。ですから，情報の作成に関わる人たちの社会性，
とりわけ企業が社会的存在であるということをしっかりと自覚することが，
大切なのです。

第5章

ビジネスの環境と社会的責任

5.1　ビジネスとその環境

❖ 外部環境

◆ 経営環境とは

　ビジネスとは経済的事業であり，ビジネスを行う企業は利益をあげることを主目的としています。しかし，企業が利益を得ることができるかどうかを決めるのは，消費者です。消費者が望み必要とするものを提供できるかどうかで，企業は成長あるいは衰退するのです。将来性のある分野を予測してそこに資源を投入すれば，ビジネスを成功させることができ，そうでなければ失敗します。

　2000年代初め，大型液晶パネル工場に巨額投資を行ったシャープは，国内トップの液晶テレビメーカーになりました。しかし，海外メーカーとの価格競争に対抗できず，2016年4月に台湾の鴻海精密工業に買収されました。また，米国ニューヨーク州ロチェスターに本社を置くイーストマン・コダック社も，2012年1月に経営破たんしました。同社は，長らく世界最大の写真フィルムメーカーでしたが，新しい技術に対応できなかったことがその理由であるといわれています。

　もちろん，経営環境の変化や趨勢を見きわめることは，それほどたやすいことではありません。なぜなら，環境が不確実性（uncertainty）に満ちているからです。「環境不確実性」[1]とは，環境変化の程度と環境の複雑性による予測不可能性のことを意味します。例示しておきましょう。

　図表5-1は，環境の複雑性を4つのマス目に分類したものです。横軸は環境変化が激しいかどうか（安定的あるいは変動的）を示し，縦軸は環境の影響が同質的かどうか（単純あるいは複雑）を示しています。同質性

1　環境不確実性：環境変化の程度と環境の複雑性による，予測不可能性のこと。

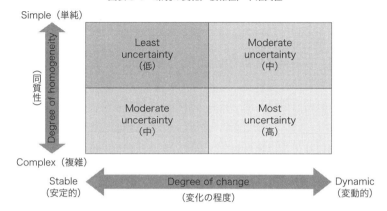

図表 5-1　環境の変化，複雑性，不確実性

（原出典）Thompson, J. D., *Organizations in Action*, 1967.
（出典）Griffin, R. W., *Management*, 12th Ed., Cengage Learning, 2017, p. 87.

（homogeneity）とは，競争相手，供給業者，顧客やその他の環境要因が似ているかどうかということを意味しています。したがって，左上のマス目は，環境が安定的で同質的（単純）なので環境不確実性が低く，右下のマス目は変動的で異質的（複雑）なので環境不確実性が高いことを意味しており，他の2つは中程度の不確実性です。

　変化があまりなく環境の影響が単純な（静的・単純）業種の事例としては，たとえば外食産業が，変化が激しく環境が複雑な（動的・複雑）産業の事例としては ICT 産業が，挙げられます。自動車産業は，環境変化の程度は低いと考えられますが，あらゆる技術変化（自動運転や電気自動車など）が複雑に影響を及ぼす産業であるため，環境複雑性が高い産業の典型でしょうから，左下のマス目に位置づけられると考えられます。いずれの場合も相対的なものですが，ひとつの指針になるでしょう。

◆ 外部環境

　企業を取り巻く環境は，外部環境と内部環境に分けて理解することができます。「外部環境（external environment）」[2] とは，企業組織の外部からビジネス活動に影響を与えるさまざまな要素のことです。上で説明した環境不

確実性は，外部環境の不確実性のことです。一方，内部環境とは，企業組織がもっているさまざまな要素のことを意味します。これについては，後で説明します。

　外部環境は，一般的な環境（general environment）と，ある企業や産業に直接的な影響を与える環境（task environment）とに分けて考えることができます。一般的な環境とは，経済，政治，文化などがどのような状況にあるかということです。たとえば，成長している経済と沈滞している経済では，企業活動に与える影響も異なります。また，文化や価値観の変化，国ごとの違いなどの影響も大きいと考えられます。これらの一般的な環境を構成する要素は，国内的だけでなく，グローバルにとらえなければなりません。EU の現状や日本経済の発展に大きな影響を与える米国の政治経済状況なども，一般的な環境であると考えられます。

図表 5-2　マクドナルドに直接的な影響を与える環境

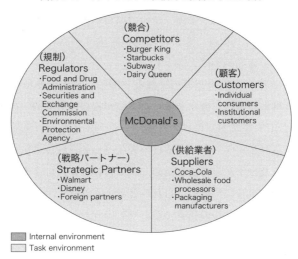

（出典）Griffin, R. W., *Management*, 12th Ed., Cengage Learning, 2017, p. 74.

2　外部環境：企業組織の外部からビジネス活動に影響を与えるさまざまな要素。

　直接的な影響を与える環境のとらえかたについて，マグドナルドを事例としている説明を紹介します（図表5-2）。ここでは5つの要素が挙げられています。まず，競争企業（競合）として，米国ではバーガーキング，わが国でもよく知られているスターバックス，サブウェイが挙げられています。直接の競合相手は，わが国においてはモスバーガーでしょう。顧客はもちろん，コカ・コーラなどの供給業者も，マクドナルドの活動に直接的影響を与えます。

　戦略パートナーのひとつに，ディズニーが挙げられています。海外では「ハッピー・ミール（Happy Meal）」（わが国では「ハッピーセット」）と呼ばれるキャラクターを使用したメニューに，ディズニー・キャラクターが使われていました。マクドナルドの商品の健康への影響を判断してディズニーが契約を打ち切ったため，長らくディズニー・キャラクターは使用されていませんでした。しかし，2018年2月に再度，両者が提携することを発表しています。また，規制については，食品医薬品局，証券取引委員会，環境保護局が重要な影響を与えることがわかります。

❖ 内部環境

◆ 内部環境とは

　ビジネス界ではしばしば，「SWOT分析（analysis）」[3]という言葉が使われます。これは他企業との競争において，自企業の経営上の優位性を評価する方法です。SWOT（Strengths, Weaknesses, Opportunities, Threats）とは，強みと弱み，機会と脅威を表しています。機会と脅威が外部環境の分析，強みと弱みが内部環境の分析を意味します。

　絶好のビジネス機会があったとしても，それを利用する技術や資本などの資源を利用する能力をもっていなければ，その機会を見過ごさざるをえなくなります。このように内部環境は，企業が経営活動を行ううえでの自身の能

3　SWOT分析：経営戦略を立てる際に行われる，企業組織の強みと弱み，環境の機会と脅威の分析。

力を示すものです。それゆえ，内部環境は，技術，組織構造，従業員，資金力，企業に対する信頼やブランド力など多くの要素から成っています。あらゆる企業がすべての領域において強みをもつことは不可能ですが，何らかの強みをもつことが，競争を行ううえで大切なことなのです。

　身近な例で考えてみましょう。第3章（3.1）でもふれましたが，コンビニエンス・ストアが食品スーパーの競争相手であることは，だれもが知っています。一部に例外はありますが，コンビニエンス・ストアは生鮮3品（肉，魚，野菜）をのぞく食料品をたくさん売っています。スーパーマーケットよりも家の近くにたくさんの店舗があるため，また営業時間が長いため，消費者はコンビニエンス・ストアを利用しています。しかし，最近では，ドラッグ・ストアも食料品を扱いはじめていますので，これらの異なる業界の企業が激しく競争しています（全国スーパーマーケット協会『スーパーマーケット白書』各年版を参照のこと）。

　スーパーマーケット，コンビニエンス・ストア，ドラッグ・ストア，それぞれの強みと弱みはどこにあるのでしょうか。これらの企業が自らの強みを活かしていくことにより，今後，競争がいっそう激しくなることは確実ですが，業界地図がどのように変わるのか，予測がつきません。

◆ 企業文化

　企業の潜在的な能力を示す内部環境には，上で説明したものに加え，とりわけ重要な要素として「企業文化（corporate culture）」[4]があります。企業文化とは，企業の構成員が共有している価値観，人びとが行動する際に指針とする規範や慣習のことです。企業は，自由な意志をもつ人びとが協働している組織ですので，企業文化が大切だということは明らかでしょう。このような文化は，企業創設者の理念やこれまでの失敗と成功の体験などから形成されています。

4　企業文化：企業組織構成員が共有している，価値観や行動の指針としている規範や慣習。

　IBM での約 10 年間に，わたしは企業文化が経営のひとつの側面などではないことを理解するようになった。ひとつの側面ではなく，経営そのものなのだ。組織の価値は要するに，それを構成する人びとが全体として，どこまでの価値を生み出せるかで決まる。……たぶん，ほとんどの企業が自社の文化を，おなじ言葉で表現している……しかし，言うまでもないことだが，こうした価値観から導き出される行動がどの会社でもおなじだというわけではない。社員が仕事で示す姿勢，社員間の関係，社員の動機付けは，会社によって違っている。これは，国の文化がそうであるように，ほんとうに重要なルールはどこにも書かれていないからだ（ルイス・ガースナー著，山岡洋一・高遠裕子訳『巨像も踊る』日本経済新聞社，2002 年，241-242 頁）。

　大規模な組織で文化がどのように形成され，進化していくのか，わたくしはひとつの考えをもっている。成功している組織はほぼすべて，その組織の偉大さをもたらす要因を強化する文化を確立している。この文化は，それが生成されたときの環境を反映している。環境が変わったとき，文化を変えるのはきわめてむずかしい。そして，文化が組織の適応能力を制約するきわめて大きな障害になる（同上書，242 頁）。

　上の引用は，1990 年代初め，経営悪化が深刻化した IBM 社の CEO に就任し，同社の経営再建を果たしたルイス・ガースナー元会長兼 CEO の言葉です。彼は，企業文化の重要性と，いちど形成された文化を変えるのがいかに困難であるかについて，自らの経験を踏まえた重要な指摘をしているのです。
　さらに，第 4 章（4.2）でとりあげた不適切会計で大きな問題となった東芝の第三者委員会は，調査報告書において，東芝には「当期利益至上主義と目標必達のプレッシャー」という組織体質があったことを指摘し，次のように報告しています。

　東芝においては，上司の意向に逆らうことができないという企業風土が存在していた。このため，経営トップからの「チャレンジ」が行われた結果，経営トップの意向を受けた CP（カンパニー社長），その下の事業部長，さらにその下の従業員らは，上司の意向に沿って目標を達成するために，不適切な会計処理を継続的に実行していた（「東芝第三者委報告の概要」『日本経済新聞』2015 年 7 月 21 日付）。

　ここでは企業風土と述べられていますが，企業文化が経営にいかに重要な影響を与えるかを示す，格好の事例であると思います。

5.2 ビジネス倫理と社会的責任

❖ ビジネス倫理とは

◆ ビジネス倫理とは

倫理について，国語辞典では次のように定義されています。

> 人倫の道。社会生活で人の守るべき道理。人が行動する際，規範となる
> もの（『精選版　日本国語大辞典』）。
> 人倫のみち。実際道徳の規範となる原理。道徳（『広辞苑　第六版』）。

倫理とは，人びとの行動の善悪を規定する道徳や価値のことです。そして，倫理的行動とは，社会的に受け入れられている規範に沿った行動を意味します。それゆえ，「ビジネス倫理（business ethics）」[5]とは，一般の従業員や経営者を含むマネジャーの行動を規定する道徳原理や価値のことであり，個人は当然のこと企業も，倫理的に行動しなければなりません。

企業は社会的機関です。それゆえ，雇用や解雇，賃金や労働条件，プライバシーや個人の尊厳について，従業員に対して倫理的行動をとらなければなりません。他方で，従業員としての個人には，個人的利益を優先しない，守秘義務を守る，誠実に働くことが，当然のこととして求められます。そして，個人と企業ともに，他の企業や地域社会などの利害関係者に対して倫理的な行動をとらなければなりません。しかし，倫理的行動をとることがたやすくないことは，本書でもこれまで指摘してきたとおりです。

5　ビジネス倫理：従業員やマネジャーの行動を規定する道徳原理や価値。

◆ 倫理綱領

　倫理的に行動するための具体的な手立ての第一歩は，倫理綱領を定めることです。倫理綱領とは，企業と個人が仕事を行ううえで大事にすべきこと，守らねばならないことを明文化したもの，すなわち，企業行動の指針となる価値や倫理基準の公式の表明です。倫理規程，行動規範など名称はさまざまですが，多くの企業や学術団体，業界団体などが定めています。

　たとえば，ヘルスケア企業のジョンソン・エンド・ジョンソン社は，1943年に「我が信条（Our Credo）」という短い文章を発表しています。そして，この「我が信条」を体現し，規範を理解するために，「業務上の行動規範（Code of Business Conduct）」を定めています。「我が信条」には四つの責任がはっきりと示されています。要約すれば，第1はすべての顧客に対する責任，第2は全社員に対する責任，第3は地域社会，全世界の共同社会に対する責任，最後は株主に対する責任となっています。同社のアレックス・ゴルスキー（Alex Gorsky）会長兼CEOは，社員へのメッセージ文書（「我が信条，価値観，行動」）で次のように述べています（Johnson & Johnson, "Code of Business Conduct," 2017）。

　我々の行動，言葉，そして振舞いは重要です。暮らす場所や仕事の内容に関係なく，我々が正しいことを行うとき，言い換えれば最高レベルの誠実さをもって行動するとき，我々は「我が信条」の価値観を体現し，サービスの提供先である人々への思いやり，そして仕事を共に行う人々への尊敬の念を真に示すことになるわけです。／私は，社員が正しい行いをするように力づけることを含め，長い期間にわたり高い倫理観に則る商慣習を持つ企業を率いる立場にあることを，誇りに思っています。社員の皆さんには，ジョンソン・エンド・ジョンソンの「業務上の行動規範」を熟知し，日常の手引きとしてお使いいただくよう，お願いします。益々複雑さが増加する世界においても，我々全員，自分たちの言動が正しい振舞いを反映するようにたゆまなく努力し続けなければなりません。

　このメッセージには，「我が信条」に示された企業文化が組織の隅ずみまで深く浸透することをゴルスキー会長がいかに期待しているか，ということが示されていると思います。もうひとつ，日本新聞協会が定めている「新聞倫理綱領」（日本新聞協会，2000年6月21日制定）をみてみましょう。同協会によれば，新聞倫理綱領は，1946年の新聞協会創立にあたって制定されましたが，21世紀にふさわしい規範としてこの「新聞倫理綱領」が新たに制定されました。

　　国民の「知る権利」は民主主義社会をささえる普遍の原理である。この権利は，言論・表現の自由のもと，高い倫理意識を備え，あらゆる権力から独立したメディアが存在して初めて保障される。新聞はそれにもっともふさわしい担い手であり続けたい。／おびただしい量の情報が飛びかう社会では，なにが真実か，どれを選ぶべきか，的確で迅速な判断が強く求められている。新聞の責務は，正確で公正な記事と責任ある論評によってこうした要望にこたえ，公共的，文化的使命を果たすことである。／編集，制作，広告，販売などすべての新聞人は，その責務をまっとうするため，また読者との信頼関係をゆるぎないものにするため，言論・表現の自由を守り抜くと同時に，自らを厳しく律し，品格を重んじなければならない。

　このように，「自由と責任」，「正確と公正」，「独立と寛容」，「人権の尊重」，「品格と節度」の重要性を強調しています。各新聞社の報道がこの綱領に示された規範を実現するためには，各企業の自主性に任すだけではなく，私たち自身の自覚にかかっているということ，私たちの責任でもあるということを忘れてはなりません。

❖ ビジネスと社会的責任

◆ 社会的責任とは

現在，「企業の社会的責任（corporate social responsibility：CSR）」[6]

という言葉は，ほぼ日常用語化していると思います。それほどひんぱんに耳にします。企業は社会的機関ですので，個人や社会に対して何らかの責任を負っています。しかし，どのような責任をどこまで負うべきかは，そう簡単に決めることができない問題なのです。CSR についての次の説明をみてください。

"management's obligation to make choices and take actions that will contribute to the welfare and interests of society, not just the organization". （マネジメントの義務であり，企業組織のためだけにではなく，社会の福祉および利益に貢献するような選択と行動を行わなければならないということ。） (Daft, R. L., *Management*, 11th Ed., Cengage Learning, 2014, p. 146)

この定義は正しいと思いますが，社会福祉とは何かについて人びとの考えが一致しているでしょうか，また社会の利益とは何でしょうか。さらに，市場経済における自由放任の競争をどのように考えるべきでしょうか。競争を勝ちぬいた企業はますます成長し，敗れた企業は市場を去るという事態を当然のことだと考えてよいのでしょうか。経営状況がよくない企業が工場を閉鎖するとの発表を，どのように受けとめればよいのでしょうか。

たとえば，工場閉鎖は，従業員が職を失うことを意味すると同時に，地域社会に深刻な打撃を与えます。造船業が基幹産業だったある地方都市に，1970 年代の造船不況は大きな打撃を与え，その後に造船企業が集積していた地域の食堂などが店をたたみました。それだけでなく，造船企業関連の仕事をしていた人たちが職を失ったため引っ越しせざるを得ない家族もあり，子供たちが学校を転校しなければならなくなるという悲しい出来事を目にしました。

社会的責任は，法律を守ること，すなわち法令遵守（compliance）をこえ

6　企業の社会的責任：社会的存在としての企業が，ステークホルダーや地球環境に対して負うべき責任。

るものであり，倫理や道徳の側面を含んでいます。それゆえ，企業の社会的に責任ある行動とは何かを定義することは，容易ではありません。そこで，具体的に社会的責任を考える際に，だれに対しての責任かをまずはっきりとさせる必要があります。

◆ ステークホルダー

「ステークホルダー（stakeholder）」[7]とは，企業に対して何らかの利害がある関係者のことで，利害関係者といいます。"stake" が「利害関係」，"holder" が「持ち主」なので，"stakeholder" は利害関係の持ち主，利害関係者と呼ばれているのです。

企業には複数のステークホルダーがいます。しかし，消費者，従業員，投資家（株主），供給業者，地域社会（国内外）が，主要なステークホルダーだと考えられます。第8章（8.1）でくわしく述べますが，企業は社会的機関ですので，これらのステークホルダーの利害を調整しつつ経営を行うという重要な役割を担っているのです。

企業は消費者に対して誠実に対応し，適正な価格で商品を販売し，その商品の安全性を保証しなければなりません。それゆえ，自動車会社が不良品を販売した場合にリコール（recall）が行われることがしばしばあります。従業員に対しては，不当な差別や過重な労働の強制を行わず，人権を尊重し公平に処遇しなければならないでしょう。投資家（株主）に対しては，正確な経営の情報を提供し，企業を成長させることが求められます。供給業者に対しては，公正な取引を行わなければなりません。とくに大企業の場合，有利な地位を利用した取引を行わないことが大切でしょう。

地域社会に対する責任については先に少し述べましたが，よりくわしく考えてみたいと思います。

7　ステークホルダー：消費者，従業員，投資家（株主），供給業者，地域社会などの企業に利害関係をもつ存在。

◆ ビジネスと持続可能な社会

「持続可能な開発目標（Sustainable Development Goals：ＳＤＧｓ）」[8]
という言葉を聞いたことがあるでしょうか。これは，2015 年の 9 月にニュー
ヨークの国際連合本部において開かれた「国連持続可能な開発サミット」で
採択された「我々の世界を変革する：持続可能な開発のための 2030 アジェ
ンダ」に示された目標です。そこでは，貧困，飢餓，エネルギー，温暖化防
止，平和な社会などの持続可能な開発のための 17 目標が掲げられています。
　わが国政府も，「持続可能な開発目標（SDGs）実施指針」を決定し（2016
年 12 月 22 日），その序文で次のように述べています。

　　2030 アジェンダは，先進国と開発途上国が共に取り組むべき国際
　社会全体の普遍的な目標として採択され，その中に持続可能な開発目
　標（SDGs）として 17 のゴール（目標）と 169 のターゲットが掲げられ
　た。／……2030 アジェンダの副題は，「我々の世界を変革する」であり，
　その前文において，「我々は，世界を持続的かつ強靱（レジリエント）な
　道筋に移行させるために緊急に必要な，大胆かつ変革的な手段をとること
　を決意している」と述べられている。我々は，これまでと異なる決意を
　持って，国際協調主義の下，国際協力への取組を一層加速していくことに
　加え，国内における経済，社会，環境の分野での課題にも，またこれらの
　分野を横断する課題にも，国内問題として取組を強化するのみならず，国
　際社会全体の課題としても取り組む必要がある。

　このような動きを受け，日本経済団体連合会（経団連）は，SDGs の達成
に向けて企業行動憲章を改定しました。この憲章は，「持続可能な経済成長
と社会的課題の解決」，「人権の尊重」，「働き方の改革，職場環境の充実」，
「環境問題への取り組み」など 10 の原則からなっています。そして，会員企
業が遵守すべき指針として，次のように述べています。

8　SDGs：持続可能な社会実現のために，先進国と開発途上国がともに取り組むべき国際社会全
体の普遍的な目標として定められたもの。

　会員企業は，持続可能な社会の実現が企業の発展の基盤であることを認識し，広く社会に有用で新たな付加価値および雇用の創造，ESG（環境・社会・ガバナンス）に配慮した経営の推進により，社会的責任への取り組みを進める。また，自社のみならず，グループ企業，サプライチェーンに対しても行動変革を促すとともに，多様な組織との協働を通じて，Society 5.0[9]の実現，SDGs の達成に向けて行動する。／会員企業は，本

【コラム】良い会社とは

　1984 年，米国テキサス大学の学生時代に弱冠 19 歳で創業したマイケル・デルは，良い会社とはどんな会社かと問われ，次のように述べています。

　「いろいろな要素の組み合わせですが，素晴らしいパフォーマンスを上げることが第 1 の条件でしょう。社員がハッピーでも，会社の業績が悪ければ意味がありません。素晴らしい業績を上げることが不可欠です。しかも，それを長期にわたって維持しなければならない。そのためには，『正しい勝ち方』をしなければならないのです。／明確な倫理，責任感，使命感が社内に満ちあふれていなければなりません。競争環境や挑んでいる市場全体を見渡した持続可能な戦略も必要です。広い視野を持つことが求められる。そして最終的には会社が成長するだけでなく，そこで働く社員が個人としても成長することが重要です」（マイケル・デル「良い会社は正しく勝て」『日経ビジネス』2005 年 5 月 9 日号，94-97 頁）。

　パソコン市場は縮小傾向にあるといわれますが，2018 年現在，デル社は，レノボ，ヒューレット・パッカードに次ぐ第 3 位に位置し，第 4 位のアップルとは大きく差が開いています。世界の IT 企業が加盟する業界団体が 2007 年に行った調査によれば，IT 産業に影響を与えた人物のトップは，マイクロソフトのビル・ゲイツ，第 2 位が 2011 年に亡くなったアップルのスティーブ・ジョブズ，そしてマイケル・デルが第 3 位になっています（『日本経済新聞』2007 年 11 月 9 日付，夕刊）。

　その後も IT 企業は続々と出現していますが，デルの「良い会社」の理念は普遍的性格をもっていると思います。デルの次の著書を参照してください。

　マイケル・デル，キャサリン・フレッドマン著，國領二郎監訳『デルの革命──「ダイレクト」戦略で産業を変える』日本経済新聞社，2000 年。

9　Society 5.0：狩猟社会，農耕社会，工業社会，情報社会に続く，人類社会発展の歴史における 5 番目の新しい社会（経団連による定義）。

憲章の精神を遵守し，自主的に実践していくことを宣言する（「企業行動憲章の改定にあたって～Society 5.0 の実現を通じた SDGs（持続可能な開発目標）の達成～」2017 年 11 月 8 日）。

このような経団連の対応は，各企業が，自らの利益を求めるだけではなくグローバルな視点から，あらゆるステークホルダーに配慮しつつ，持続可能な社会の実現という目標を柱として事業活動を行わなければ国際的な競争力を失うという危機感の表れであり，決意表明であると考えられます。

第6章

変化するビジネス

6.1　産業を知る

❖ ビジネスと産業

◆ 産業という言葉

　ビジネス（事業）とよく似た言葉に「産業」や「工業」があります。たとえば，鉄鋼業，サービス業，自動車産業，繊維産業，基幹産業，重工業，軽工業などは，なじみのある言葉でしょう。英語では，産業も工業も"industry"と書きます。産業革命（industrial revolution）という言葉も，聞いたことがあると思います。

　では，ビジネス（事業）と産業とはどのような関係があるのでしょうか。ある辞書（*Longman Dictionary of Contemporary English*, 5th Ed.）では，"industry"には，勤勉や勤労という意味に加えて，次のような意味のあることがわかりやすく説明されています。

　　"the large-scale production of goods or of substances such as coal and steel"（財や石炭・鋼鉄のような物質の大規模生産）

　　"businesses that produce a particular type of thing or provide a particular service"（モノを生産したりサービスを提供するビジネス）

　この説明から，"industry"という言葉には日本語の「産業」[1]と「工業」という意味があることがわかります。そして，産業とは，無数にあるビジネス（事業）を，鉄鋼や観光などの特定の分野ごとに分類したものです。鉄鋼業も観光業もビジネスを行っている点では共通していますが，ビジネスの内容がそれぞれちがうのです。一方は鉄や鋼を製造し，他方は人びとをもてな

1　産業：特定の製品やサービスを提供するビジネス。

すサービスを提供しているのです。

◆ 商業と工業

　農業・林業・漁業を除き，たくさんある産業を大きく分類すると，商業と
工業に分けることができます。では，商業と工業の違いはどこにあるので
しょうか。たとえば，食品産業を考えてみます。みなさんがよく知ってい
る会社の名前を少し挙げてみただけでも，江崎グリコ，ハウス食品，森永製
菓，ヤクルト，丸大食品，味の素など，大きな会社がたくさんあります。こ
れらの会社は食品産業に分類されますし，食品工業の会社ともいわれます。
これらの会社に共通しているのは，食品を作っているということ，食品を生
産・製造している会社だということです。どうやら，「工業」[2]とは，商品の
生産・製造を行うことに関係しているビジネス（事業）であることがわかり
ます。
　国語辞典（『広辞苑　第六版』）では，工業について次のように説明してい
ます。

　　①手細工をする職人。大工など。②（industry）原料や粗製品を加工し
　て有用なものとする産業。

では次に，商業とは何でしょうか，工業とどのような違いがあるのでしょ
うか。上と同じ辞典では，少し難しいのですが，次のように説明していま
す。

　　（commerce）商品の売買によって生産者と消費者との財貨の転換の媒
　介をし，利益を得ることを目的とする事業。あきない。

商品生産者は，つくったモノやサービスを消費者に販売し，代金を手にし

2　工業：生産・製造活動を行うビジネス。

ます。生産者にとっての販売は，消費者の側からみれば，購買です。消費者は，モノやサービスの提供を受けて，生産者に代金を支払います。

　ところが，すべてのモノやサービスを生産者が直接消費者に販売・提供するわけではありません。たとえば，野菜を生産するのは農業生産者（農家）ですが，私たち消費者は農家から野菜を直接買っているわけではありません。多くの場合，野菜を買うのは近所にあるスーパーマーケットでしょう。この場合，スーパーマーケットが生産者と消費者の間をとりもっているわけです。

　上の辞典の説明にある「財貨の転換の媒介」とは，生産者と消費者との間での商品の取引を手助けする（あるいは，とりもつ）ということなのです。ですから，やさしく説明すれば，「商業」3とは，商品の取引をとりもって（媒介して），利益をあげることを目的にしているビジネス（事業）だということです。

◆ 身近な産業

　私たちの身のまわりには，実にたくさんの商品があります。新商品が次から次にあらわれ，そしてその多くはすぐに消えてしまいます。身近な産業を知るには，身のまわりにある商品を思い浮かべてみればよいと思います。各種の産業がこれらの商品をつくったり売ったりしているからです。

　家の近くにあるさまざまな企業の店舗に注目してみましょう。エディオン，ヤマダ電機，ヨドバシカメラなどの家電製品の大型量販店を運営している会社は，小売業に分類されます。そこでは，テレビ，冷蔵庫，洗濯機，炊飯器，コンピュータ，カメラなどが売られていますが，これらの商品をつくっているのは，パナソニック，ソニー，キヤノンなど製造業の会社です。同じく小売業のコーナンやカインズなどのホームセンターで売られている商品も，さまざまな製造業でつくられた製品です。トイレ，風呂，台所関連の商品，車用品，日曜大工やガーデニング用品，文房具，照明，各種修理用品

3　商業：商品の取引をとりもって，利益をあげることを目的とするビジネス。

など，多数の商品を扱っています。

　家の近所に必ずあるスーパーマーケットも小売業です。野菜やくだものは農業，魚介類は漁業，肉，牛乳，飲料は製造業，もちろん調味料，お菓子，めん類なども製造業によってもたらされたものです。スーパーマーケットにこれらの商品を納入している企業は，卸売業です。わが国において，農業や製造業などの商品生産者と小売業をむすぶ上で，卸売業はなくてはならない役割を果たしています。

　アマゾンやその他の通信販売業も，小売業です。アマゾンで注文した本などを家に運んでくる宅配業は，運輸業です。ヤマト運輸，佐川急便，日本郵便などが代表的な企業です。アートコーポレーションなどの引越業も，運輸業です。

　私たちの身のまわりには，本当に驚くほどたくさんの商品があります。そして，これらの商品をつくり，運び，売るという仕事をするためのたくさんの産業があるのです。私たちは，生きていく上で自給自足というわけにはいかず，他の多くの人たちに頼らざるを得ないのです。

❖ 産業の分類

◆ 新聞の株式欄

　新聞には会社の株式の売買状況と価格について，情報を投資家（一般の人だと考えてください）に提供する欄があります。わが国でもっとも大きな株式取引の場所は，東京証券取引所（「東証」）です。第1部と第2部からなるこの取引所で株式を売買するには一定の基準があり，第1部のほうがより厳しい基準を定めています。

　『日本経済新聞』の「証券」欄の東証株式第1部には，日本を代表する大会社約2,000社が産業ごとに分類され，株式の売買状況や価格が示されています。有名な会社だからといっても，必ずしも株価が高いとは限りません。ここでは，次のように産業を分類しています。「水産・農林」，「鉱業」，「建設」，「食品」，「繊維」，「パルプ・紙」，「化学」，「石油・石炭製品」，「ゴム製

品」,「窯業」,「鉄鋼」,「非鉄金属」,「金属製品」,「機械」,「電気機器」,「輸
送用機器」,「精密機器」,「その他製造業」,「商業」,「金融・保険」,「不動
産」,「陸運」,「海運」,「空運」,「倉庫・運輸関連」,「情報・通信」,「電力・
ガス」,「サービス」です。これらの産業に分類されている会社について，少
しみておきましょう。

　トヨタ自動車や日産自動車は「輸送用機器」に，イオン，ファーストリ
テイリング（ユニクロ），ヤマダ電機，高島屋などは「商業」に分類されて
います。少しわかりにくいのですが，阪急阪神百貨店は H2O リテイリング
名で，やはり「商業」に入っています。また，セコム，カカクコム，ぐるな
び，進研ゼミで有名なベネッセ・ホールディングスは，「サービス」です。
吉本興業は非上場会社ですが，サービス業に属します。

　以上の分類はおおまかなものですが，わが国に現在およそどのような産業
があり，その産業でどの企業が大企業であるのかがわかります。

◆ 日本標準産業分類

　総務省統計局が公表しているものに,「日本標準産業分類」（2013 年 10 月
改定）があります。大分類では，次の 20 の産業が示されています。

　「農業，林業」,「漁業」,「鉱業，採石業，砂利採取業」,「建設業」,「製造
業」,「電気・ガス・熱供給・水道業」,「情報通信業」,「運輸業，郵便業」,
「卸売業，小売業」,「金融業，保険業」,「不動産業，物品賃貸業」,「学術研
究，専門・技術サービス業」,「宿泊業，飲食サービス業」,「生活関連サービ
ス業，娯楽業」,「教育，学習支援業」,「医療，福祉」,「複合サービス業」,
「サービス業（他に分類されないもの）」,「公務（他に分類されるものを除
く）」,「分類不能の産業」です。先にみた，新聞の株式欄に示されたものと
はかなりの違いがあることがわかります。また，これが中分類になると，
もっと詳しくなり，大分類の「製造業」のなかだけでも，さらに 24 の産業
に分かれています。

　日本標準産業分類が完成したのは，1949（昭和 24）年です。その後，分
類内容も，時代とともに変化してきました。2002 年の第 11 回改定時の分類

と 2007 年の第 12 回改定では，内容がいくぶん変化しています（2013 年の改定ではほとんど変更なし）。これを大分類で比較してみると，「学術研究，専門・技術サービス」と「生活関連サービス業，娯楽業」が，新たに追加されています。また，それぞれ独立していた農業と林業が，「農業，林業」という風に，一括分類されました。このことは，時代の変化ととともに必要とされる産業が変化していることの現れです。

　たとえば，農業と林業を一括した理由として，林業の事業所と林業で働く人が絶えず減っていること，林業で働く人の約 60％が農業をしているということが理由です。身の回りを見渡しても林業で働く人は，ほとんどいない現状です。炭火焼きの飲食店は流行っているようですので，木炭需要は少なくないように思いますが，中国や東南アジア諸国からの低価格の輸入品におされているのでしょう。また，コンビニエンス・ストアで買い物をすると木製の割り箸をくれますが，そのほとんどが中国からの輸入品です。日本の木材自給率は 20〜30％だそうですので，外国からの輸入品におされて林業が衰退しているのが現実です（林野庁のホームページを参照のこと）。

【コラム】製造業（中分類）

　製造業と一言でいっても幅広く，いろいろなものを含んでいます。現在の日本標準産業分類では次の 24 の産業に細分していますので，参考にしてください。

　「食料品製造業」，「飲料・たばこ・飼料製造業」，「繊維工業」，「木材・木製品製造業（家具を除く）」，「家具・装備品製造業」，「パルプ・紙・紙加工品製造業」，「印刷・同関連業」，「化学工業」，「石油製品・石炭製品製造業」，「プラスチック製品製造業（別掲を除く）」，「ゴム製品製造業」，「なめし革・同製品・毛皮製造業」，「窯業・土石製品製造業」，「鉄鋼業」，「非鉄金属製造業」，「金属製品製造業」，「はん用機械器具製造業」，「生産用機械器具製造業」，「業務用機械器具製造業」，「電子部品・デバイス・電子回路製造業」，「電気機械器具製造業」，「情報通信機械器具製造業」，「輸送用機械器具製造業」，「その他の製造業」

　（出典）総務省統計局ホームページ。

6.2　ビジネスと生活の変化

❖ 産業構造とは

◆ 変わる産業の姿

　経済があまり発展していない国ではもちろん，日本のように先進国
(developed country) といわれる国でも，もともとは自給自足に近い状態で
した。つまり，自分で食べる物や着る物はできるかぎり自分たちの家族でつ
くる，ということです。すべてをこのようにするのは無理ですが，日本でも
生活のかなりの部分を自給していた時代がありました。

　生活に必要な衣食住に関連するものを考えてみましょう。住まいに関して
は，自分たちでつくるというのはかなり難しいと思います。家を自分たちで
建てる仕事はかなり難しいので，かなり昔から専門家に任せていました。戸
や網戸などをつくる，壁や屋根の修理をするということができる人もいたに
は違いありませんが，これらの仕事はそう簡単にできることではありませ
ん。

　衣類については，住まいほど他人に頼っていたわけではありません。着物
を縫ったり，洋服やふとんをつくるというのはなかなか技術が必要なので，
誰でもできるわけではありません。しかし，著者の経験でも，破れた服につ
ぎを当てるということが普通であった時代はそれほど昔のことでもありませ
んし，セーターやマフラーを編むということは，いまも細々とではあれ，行
われているのではないでしょうか。

　自給ともっとも関連の深いのは，食糧です。わが国でも昭和30年代半ば
(1960年頃) の農村部では，かなり多くの人が農業をしていました。

　当時，農業は産業の主役だったのです。いまも農業が人びとの食を支える
大事な産業であることに変わりはありません。しかし，みなさんの周りを見
渡してください。現在では，田や畑が極端に少ないことがわかるでしょう。

田舎に行けば田や畑がまだまだあるように感じますが，それでもかなり減っています。都市部では，田や畑を見かけることが珍しいのが現状です。産業の姿の変化は，生活の変化を映す鏡のようなものなのです。

大阪府についてみてみましょう（数字は 2017 年現在，農林水産省ホームページを参照）。総土地面積（190,499ha）に占める田および畑の耕地面積（12,900ha）の割合（耕地面積率）は，6.8 ％です。また，林野面積（57,456ha）が 30.1 ％となっています。耕地面積の割合は，全国平均（11.9％）に比べて低くなっています。

◆ 産業構造

ある国の産業の姿を示す産業の構成のことを，「産業構造（industrial structure）」[4] といいます。同じ国をみても，時代の変化とともに主役となる産業は違います。各国の経済発展に応じて，それぞれの国の産業の姿もちがっています。たとえば，東南アジアの国々で中心となっている産業と，日本やアメリカの中心的な産業の種類がちがうことは，誰でも知っています。

産業構造に最初に注目した人物は，イギリスの経済学者ウイリアム・ペティ（William Petty, 1623-1687）であるといわれています。ペティは，『政治算術』（ペティの死後，1690 年出版）のなかで，経済の発展につれて，農業，製造業，商業の間に所得格差が生まれ，働く人びとが農業から製造業，製造業から商業へと移っていくということを発見しました。

イギリスの統計学者・経済学者のコーリン・クラーク（Colin G. Clark, 1905-1989）は，この傾向を統計的に明らかにしました。彼は，産業を第 1 次産業，第 2 次産業，および第 3 次産業に分類しました。そして，国の経済発展につれて，各産業の比重が第 1 次産業から第 2 次産業へ，第 2 次産業から第 3 次産業へと移っていくことを明らかにしました。

「第 1 次（primary）産業」[5] は，農業，林業，水産業などの自然に直接働きかけて恵みを手にする産業です。「第 2 次（secondary）産業」[6] は，地下

4　産業構造：国の経済を支えるさまざまな産業の相互の関係，構成。
5　第 1 次産業：農業，林業，水産業など自然に直接働きかけて産物をえる産業。

資源をとり出す鉱業や，第1次産業でえられた農林水産物などを加工する工業などからなります。工業には自動車生産などの製造業や，第1次産業（林業）の労働成果である木を使って家を建てたり，橋をつくる建設業が含まれます。

　「第3次（tertiary）産業」[7] には数えきれないほどたくさんの産業が含まれていますし，またどんどん増えてきています。第3次産業は定義するのが難しく，第1次産業，第2次産業に含まれないすべての産業だということです。卸売業や小売業のように生産者と消費者をつなぐ販売に関連する産業は，そのよい例でしょう。また，保管，運輸・通信，金融・保険，公共的な性格をもつ電気・ガス・水道などの物の生産を支える産業も，第3次産業です。このほかにも，個人や会社にサービスを提供するさまざまな産業，広告，宿泊，医療，教育，娯楽などの産業が，第3次産業に含まれます。

❖ 産業と生活の変化

◆ 移り変わる産業構造

　わが国において，中心となる産業はどのように変化しているのでしょうか。「国勢調査」[8] の産業ごとの就業者数の推移からみてみましょう。第1次産業は「農業」，「林業」，「漁業」，第2次産業は「鉱業」，「建設業」，「製造業」，第3次産業はそのほかの産業となっています。これら全体（分類不能の産業を含む）で，2017年時点で5,900万人が働いています（2010年時点では，約6,000万人）。

　わが国の中心的な産業だった農林漁業などの第1次産業は，高度成長期以前の1955（昭和30）年には4割を超えていました（41.1％）。しかし，5年後の1960（昭和35）年には約3分の1（32.7％）に減少しました。そして，

6　第2次産業：鉱業，製造業，建設業など生産や加工に関わる産業。
7　第3次産業：商業や金融業など第1次産業，第2次産業以外のさまざまな産業。
8　国勢調査：政治の基礎資料を得るために，一定時期に人口状況やそのほかの状態について全国一斉に行う調査。5年ごとに簡易調査，10年ごとに大規模調査が行われる。最新の大規模調査は2020（令和2）年，簡易調査は2015（平成27）年に実施。

図表 6-1　就業者からみた産業構造の変化

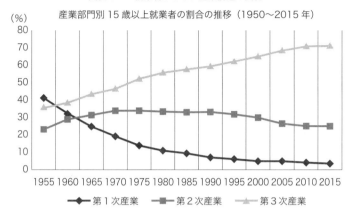

（出典）総務省統計局『平成22年国勢調査最終報告書　日本の人口・世帯』
（2014年6月）および，『平成27年国勢調査就業状態等基本集計結果 結
果の概要』（2017年4月）より作成。

1965（昭和40）年には4分の1（24.7％）に低下し，さらに5年後の1970
（昭和45）年には5分の1以下（19.3％）になってしまいました。その後，
1985（昭和60）年にはついに10分の1を切ることになり（9.3％），2010
（平成22）年には就業者全体の20分の1以下（4.2％）になっています。さ
らに，2015（平成27）年の調査では4.0％（約220万人）に減少し，これら
の産業で働く人の数は減る一方です。

　このような事実の意味することは，ある意味では，私たちの食糧の生産を
担う産業が衰退しているということに他なりません。

　以上のことから，わが国の経済の発展につれて，第1次産業で働く人の数
が急激に減ったことがはっきりとわかるでしょう。とくに，いわゆる高度成
長期（1955年頃から1970年代初期）に大きく減少しました。

　次に，製造業や建設業などの第2次産業はどうでしょうか。第1次産業が
全体の4割を超えていた1955（昭和30）年には，全体の4分の1より少し
少ない程度（23.4％）でした。この時期から日本は急速に工業化しますが，
まだまだ農業国といってもいい状態でした。その後，1960（昭和35）年に
は全体の約3割（29.1％）に増えました。それでもまだ第1次産業より少な

かったのですが，その後すぐ逆転し，1990（平成2）年まで約3分の1の割合でした。しかし，2015（平成27）年時点では，全体の約4分の1（25.0％）にまで低下しています。第2次産業で働く人は約1,400万人，第1次産業で働く人のおよそ6倍の数になっています。

　これに対して，第3次産業の占める割合は，ずっと増え続けています。1955（昭和30）年には3分の1を少し超える程度（35.5％）で，第1次産業よりも少なかったのですが，1975（昭和50）年には5割を超え（51.8％），2015（平成27）年時点では，就業者全体の約7割（71.0％）を占めるまでになっています。すでに述べたように，2015年の就業者総数5,900万人弱のうち，4,000万人弱が第3次産業の就業者となっています。いまや，産業の中心は第3次産業である，といってもいいでしょう。

　平成28年（2016年）「経済センサス」（総務省統計局）によれば，従業者数の上位3産業は，「卸売業，小売業」（1,184万4,000人，全産業の20.8％），「製造業」（886万4,000人，同15.6％），「医療，福祉」（737万5,000人，同13.0％）であり，これらで全産業の5割弱を占めています。第3次産業の構成比は，全産業の77.3％となっています。

　統計のとり方は国ごとに違いがありますが，先進工業国といわれる国について上の3つの産業部門別の割合をみると，近年はどの国も第3次産業の割合がかなり高いという共通の傾向を示しています。イタリアとドイツでは，第3次産業の割合が全体の7割弱ですが，フランス，イギリス，カナダ，アメリカでの割合は，4分の3を超えています（日本を除き，2008年時点）。

❖ 経済のサービス化，ソフト化

◆ サービス化，ソフト化

　個人や企業にさまざまなサービス（service）を提供する産業のことを，サービス産業といいます。サービスという言葉にはさまざまな意味があります。『広辞苑　第六版』では，奉仕，給仕・接待，商売で値引きしたり，客の便宜を図ったりすること，物を生産する過程以外の労働のこと，また少し

言葉は難しいですが，用役，用務のことだと説明しています。つまり，サービスとは，モノをつくるのではなく，人や企業にとって価値のあることを提供することだと考えればよいでしょう。

　第1次産業が経済に占める割合が大きく低下し，第2次産業も比重がやや低下するのと反対に，第3次産業が経済に占める割合がかなり大きくなっています。この第3次産業の多くの企業がサービスの生産を行っている状態が，経済のサービス化です。つまり，国の経済活動の中心がモノの生産からサービスの提供へ移り，このサービス関連の産業の割合が経済全体のなかで大きくなることを，「経済のサービス化」[9]といいます。

　また，経済のソフト化という言葉もよく使われます。ソフト（soft）という言葉は，ハード（hard）に対する言葉です。かたい，やわらかいという意味とは少し違います。例を挙げましょう。ハードウェア（hardware）とソフトウェア（software）という言葉を考えましょう。ハードウェアとは，コンピュータの本体やプリンタなどの機械装置・機器のことです。一方，ソフトウェアとは，ハードウェアであるコンピュータ本体を動かすために必要な，マイクロソフトのWindowsなどのシステム・ソフトウェア，WordやExcel，音楽を楽しむiTunesや年賀状を作成する筆まめなどのアプリケーション・ソフトウェアのことです。ソフトウェアは，情報の内容，知識，アイデア，つまりモノの価値を高めること（付加価値）に関わっています。

　そして，コンピュータに限らず一般に，モノそれ自体よりもモノに付加される価値が経済活動において重要になることが，「経済のソフト化」[10] です。要するに，物中心の経済から，物に関わるサービス（役立ち，とくに情報や知識）が重要になる経済に移っていくことを，経済のサービス化，ソフト化と呼んでいるのです。

9　経済のサービス化：経済活動の中心がモノの生産からサービスの提供に移り，サービス産業の割合が大きくなること。

10　経済のソフト化：経済活動において，モノの生産それ自体よりも，モノに付加される情報や知識などのソフトウェアの役割が重要になること。

◆ サービス化，ソフト化の現状

サービス化，ソフト化の現状はどうなっているでしょうか。ただ，サービス化とソフト化は一体となって進みますし，またこれらを区別して調べるのは容易ではないので，ここではサービス化についてみることにします。

総務省は，「サービス業」[11] の現状を理解するために，2004 年まで「サービス業基本調査」を定期的に行ってきました。この調査では，先に示した日本標準産業分類の大分類 20 産業のうち，おおまかにいえば，「情報通信産業」，「不動産業，物品賃貸業」，「学術研究，専門・技術サービス業」，「宿泊業，飲食サービス業」，「生活関連サービス業，娯楽業」，「教育，学習支援業」，「医療，福祉」，「複合サービス業」，「サービス業（他に分類されるものを除く）」が，広義のサービス業となります。

このうちの「サービス業（他に分類されるものを除く）」というのは，狭義のサービス業です。洗濯・理容・美容・浴場業，娯楽業，物品賃貸業，広告業，その他の事業サービス業（労働者派遣業や建物サービス業など），政治・経済・文化団体，宗教などが該当します。

「サービス業基本調査」は，2004 年のものが最後です。これとその前に行われた 1999 年の調査を比べて，サービス業のなかでどのような変化があったか，従業者数に注目してみてみましょう。全体としては，1,350 万人から 1,480 万人へと，130 万人ほど増えています。5 年間で従業者の増加がとくに目立っている分野は，「社会保険・社会福祉・介護事業」と「その他の事業サービス業」であり，この 2 つで増加分のほとんどを占めています。「社会保険・社会福祉・介護事業」は，大分類の「医療，福祉」産業のなかのひとつの分野ですが，約 64 万人も増えています。また，狭義のサービス業のうち，「その他の事業サービス業」で約 61 万人増えており，なかでも「労働者派遣業」が 42 万人も増えているのです。

現在，サービス業に関する調査は「経済センサス」に統合されており，サービス業全体の動向を把握するのは簡単ではありません。経済センサスで

11　サービス業：広義では，モノの生産ではなく，人や企業に価値を提供する産業。狭義では，日本標準産業分類の大分類のうちの「サービス業（他に分類されるものを除く）」。

は「医療，福祉」はサービス業とは別に分類されていますが，一貫して従業者が増加している産業分野です。2014（平成24）年と2016（平成28）年を比較すると，617万8,938人から737万4,844人へと19.4％増加しており，この分野の構成比も全体の13.0％を占めています（総務省統計局の「平成24年経済センサス―活動調査　調査の結果」(2014年2月26日公表) および「平成28年経済センサス―活動調査　調査の結果」(2018年6月28日) を参照）。

　日本経済が確実に高齢化社会になっていること，働き方が大きく変わってきていることが，実感できます。

◆ サービス化，ソフト化はなぜ進むのか

　経済のサービス化やソフト化が進む要因はさまざまですが，少しだけ例を挙げて考えてみたいと思います。収入が増えて人びとの欲求が多様化したことも，理由のひとつだと考えられます。食べるので精いっぱいという状態では，それ以外の欲求はあまりないでしょうし，たとえ欲求があってもお金がなければ何もできません。生活にゆとりが出てきて初めて，あれもしたいこれもしたいという欲求が出て，その欲求を満たすことができるのです。

　参考までに，「エンゲル係数」[12] について説明しておきます。これは，家計の消費支出に占める食費の割合を示したものです。エンゲル係数が大きいほど，生活水準が低いといわれています。経済的に豊かな人もそうでない人も，食費にかけるお金は極端には違わないということを前提に，収入が増えれば増えるほど（豊かになればなるほど）家計に占める食費の割合が減ると考えられるからです。エンゲル係数の推移をみれば，2005年ごろまでは一貫して低下していましたが，以後上昇に転じ，近年は急激に上昇していることがわかります（図表6-2)[13]。

　労働時間の短縮もまた，サービス化とソフト化を進める大きな要因です。

12　エンゲル係数：家計の消費支出に占める食費の割合。
13　図表6-2中の「勤労者世帯」について，総務省は次のように定義しています。「『勤労者世帯』とは，世帯主が会社，官公庁，学校，工場，商店などに勤めている世帯をいう。ただし，世帯主が社長，取締役，理事など会社団体の役員である世帯は『勤労者以外の世帯』とする」。

図表6-2　近年のエンゲル係数の推移（1980〜2017年）（2人以上の世帯）

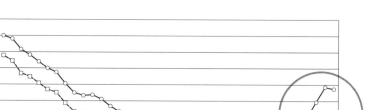

（注）1999年以前は農林漁家世帯を除く結果，2000年以降は農林漁家世帯を含む結果。
（原出典）家計調査（総務省統計局）。
（出典）阿向泰二郎「明治から続く統計指標：エンゲル係数」総務省統計局『統計Today』
　　　　No. 129，2018年6月8日。

　週休二日制の普及によって，余暇を楽しみやすくなりました。最近では，祝
日を月曜日にすることが多くなり，三連休も珍しくなくなりましたから，な
おさらです。余暇が増えた結果，旅行がしやすくなりました。旅行会社がい
ろいろな魅力的な旅行プランを提案しています。

　ただ，著者が気づいたことがあります。国内旅行の案内では，1泊2日，
2泊3日，あるいは日帰りバス旅行など，きびしいスケジュールの低価格プ
ランが多いということです。海外旅行でも，たとえば1週間程度の日程であ
の大きな国土のカナダの西から東まで，カナダ国土だけで往復1万キロを回
るようなプラン，カナダ・アメリカ2カ国周遊9日間のプラン，またドイ
ツ・スイス・パリ3カ国周遊8日間のヨーロッパ旅行など，過密日程と思わ
れるプランが大半です。いかにもあわただしく，体力的にもきつい旅のプラ
ンをよく目にします。余暇の少ない日本人にとっては，仕方のないことかも
しれませんが，余暇関連のビジネスは今後とも増え続けるでしょう。

　家の外で働く女性が増え，「家事労働」[14]をする時間が減った結果，今ま
で家で行っていたさまざまなことをお金を払ってやってもらうようになって

います。お金で便利さあるいは時間を買っているのです。たとえば，外食や中食，家の掃除などの家事代行業，食材の配達などのビジネス需要が大きくなっているように思います。

　先に述べたように，高齢化社会の進行も，経済のサービス化を進める大きな要因となっています。医療や福祉関連ビジネスの増加だけでなく，高齢者の中食需要も増えています。たとえば，セブン–イレブンによれば，同社の年齢別客数についてみれば，40歳代の割合が1989年度の11％から，2019年度は23％に増加し，50歳以上は，同じく9％から37％へと急増しています。つまり，約30年の間に，中高年の利用者が2割から6割に増加しているのです（セブン＆アイ・ホールディングス『事業概要（コーポレートアウトライン）』）。コンビニエンス・ストアの利用者の中心は中高年である，といってもよい状況なのです。

14　家事労働：家庭で生活をするために必要な炊事，洗濯，掃除などのいろいろな仕事。

第 7 章

グローバル化するビジネス

7.1　グローバル化の進展

❖ グローバルとローカル

◆ グローバル化とは

　グローバル化するという意味の "globalize" の名詞形が，"globalization"（グローバリゼーション，すなわちグローバル化）です。それゆえ，「グローバル化」[1]とは，何かを世界的なものにする，あるいは何かが世界的なものになるということです。もう少しわかりやすくいえば，この言葉は，政治，経済，社会，文化，生活などの各領域で，国や企業などが全世界的に影響を与え，地球規模的な活動ができるようになることを意味しています。たとえば，"communication globalizes capital markets"（コミュニケーションが資本市場を世界化する）というように使われます。

　よくいわれる「国際化（internationalization）」[2]という言葉とほぼ同じ意味だと考えてよいのですが，少し違いもあります。おおまかにいえば，国際化というのは，国や企業などが自国や地域だけでなく活動領域を拡大していくことです。その結果，活動が全世界的，地球規模になることもありますが，そこまではいかなくても活動が自国を越えて広がっていくことも国際化には違いありません。それほど数は多くない複数の国家間で結ばれる条約が国際条約と呼ばれますし，国際結婚を考えてみれば，国際という言葉の使い方の広さがわかるでしょう。

　これに対して，財，サービス，人，熟練，アイデアなどが自由に地理的境界を越えて世界中を移動するような経済のことを「グローバル・エコノミー（global economy）」[3]といいます。現代経済は，まさにこのような経済段階

1　グローバル化：政治，経済，社会，文化，生活などの各領域で，国や企業などが全世界的に影響を与え，地球規模的な活動ができるようになること。
2　国際化：国や企業などが自国や地域だけでなく活動領域を拡大していくこと。

になっていると考えられます。これが経済のグローバル化なのです。経済の
グローバル化は，国と国の間で経済活動を行うという意味ではなく，それを
超えて全世界的規模での経済活動を強調した言葉なのです。

　ある特定の国が本国であるとの意識をもたず，無国籍であるかのよう
に活動する企業（会社），全世界的な立場から経営活動を行い，全世界
を市場として活躍する企業のことを，「グローバル・カンパニー（global
company）」4と呼びます。実際には国籍のない企業はありませんし，全世
界的な立場から経営を行っているといっても，本国の利益を一番に考えな
いような企業はあまりないでしょうから，グローバル・カンパニーというの
は，あくまでビジネス活動の広さを強調した言葉です。

　企業が全世界を視野に入れて事業を行うようになっているということは，
自国や地域だけで活動をしていたのでは競争に生き残れないような厳しい時
代になっていることを示しているのです。

◆ グローバルとローカル

　「グローバルな視野をもつ」，「グローバル人材」という使い方をよく耳に
します。グローバルという言葉への注目は，おそらく，諸外国との結びつき
がとくに強くなった時期からだと思います。およそ1980年代後半ころから
ではないでしょうか。とくに，1990年代に入ってからは，この言葉をひん
ぱんに見聞きするようになったように思います。

　上で述べたように，「グローバル（global）」5には「世界的な」，「地球上
の」，「包括的な」という意味があります。そして，"the downturn in the
global economy"（世界経済の沈滞）や，"global environmental change"
（地球環境の変化）というように使われます。また，「グローバル・スタン
ダード（global standard）」，あるいはこれを翻訳した「世界標準」という言

3　グローバル・エコノミー：財，サービス，人，熟練，アイデアなどが，地理的境界を越えて自
　由に世界中を移動するような経済。
4　グローバル・カンパニー：全世界的な立場から経営活動を行い，全世界を市場として活躍する
　企業。
5　グローバル：世界的な，地球上の，包括的な，ということを表す言葉。

葉も耳にしたことがあるかもしれません。

　以上のようなことが言われ始めたのも，私たちにとって世界が身近になったからでしょう。良くも悪くも，世界と切っても切れない関係になったということです。

　他方，「ローカル（local）」6という言葉は，昔からよく使われてきました。ローカル線（local line）といえば，全国各地域ののどかな風景のなかをのんびり走る列車を連想するでしょうし，特急列車や急行列車と区別される普通列車（local train）も，各駅に止まる比較的のんびりした輸送機関です。

　ローカルとは，「ある地方・地域に限定されるさま。地方特有の。地方的」（『広辞苑　第六版』）だと書かれています。全世界的という意味のグローバルと比べて考えると，ローカルは，特定の国や地域をさす言葉だということがわかります。ローカルといえば田舎っぽいさまをイメージしてあまり良い意味を連想しない人がいるかもしれませんが，グローバルを全体（全世界），ローカルを部分（特定の国や地域）というように理解しておいたほうがよいと思います。

　マネジメントに関していえば，グローバル企業とは全世界の市場を視野に入れて経営活動を行う企業のことであり，ローカル企業とは国内あるいは一定の地域市場を対象に活動する企業を意味します。さらには，これら2つの言葉を合わせたグローカル（glocal）という言葉も使用されています。グローバルな視野をもち，ローカルに経営活動を行うこと，すなわち，広い視野と適応性を兼ね備えていることであり，企業活動の理想型だと思います。

❖ グローバル化の進展

◆ 身近なグローバル化

　輸送費と通信費が大幅に低下することによって，グローバル化はいっきに進みました。私たちの身近な生活から考えてみましょう。

6　ローカル：地方の，特定の国や地域の，ということを表す言葉。

　現在では，世界のいたるところに比較的たやすく行くことが可能になっています。家のパソコンを使えば，航空券はもちろんのこと，旅についてのさまざまな情報を自由に手にすることが可能になったからです。旅したい場所の情報もすぐ手に入りますし，泊まりたいホテルを検索して予約することができます。地図もすぐ手に入りますし，ホテルやレストランの写真も見ることができます。以上のようなことができるようになったのは，インターネットの役割が大きいと考えられます。1990 年代半ば以前には考えられなかったことです。

　旅行だけでなく，世界中の（少し大げさな言い方ですが）企業の情報も，各企業のホームページから容易に入手することができます。たとえば，世界

【コラム】ウォルマート（Walmart Inc.）

　ウォルマートは，日本の国家予算の半分，50 兆円超（2018 年度）の売上高をあげるアメリカを本拠とする世界最大の総合小売企業です。主な店舗形態は，「ディスカウント・ストア」，「スーパーセンター」，「ネイバーフッド・マーケット」，「サムズ・クラブ」です。ウォルマートは，1962 年，南部に属するアーカンソー州ロジャースという田舎の小さな町に開かれたディスカウント・ストアとして誕生しました。このディスカウント・ストアでは，生鮮食品を扱っていませんでした。しかし 1988 年から，ディスカウント・ストアに生鮮食品部門を加えた店舗形態のスーパーセンターという店舗を中心に展開しています。スーパーセンターを小型化したものが，ネイバーフッド・マーケット（近所にある店という意味）です。この店舗が日本の食品スーパーを大きくした感じによく似ていると思います。

　サムズ・クラブは日本に進出している「コストコ」と同じく，会員制の卸小売店舗です。ウォルマートは 2002 年，「西友」への資本参加によって日本に進出し，その後西友を完全子会社にしましたが，2020 年 11 月，売却の発表をしました。

　世界の 27 カ国で約 11,000 店舗を運営し，200 万人を超える従業員（"associates"）を抱える巨大企業です。長い間社名は，創業者のサム・ウォルトン（Sam Walton）の店（Wal-Mart Stores）という意味でしたが，2018 年に"Walmart" となりました。サム・ウォルトンの自伝をぜひ手にとり，アメリカン・ドリームの体現者の心を感じとってください。サム・ウォルトン，ジョン・ヒューイ著，竹内宏監修『ロープライス　エブリデイ』同文書院インターナショナル，1992年。

でもっとも売上高の大きいアメリカの総合小売企業のウォルマートがどのような企業なのか，すぐに調べることができます。アメリカ本国にある店ではどんな商品を売っているか，また，海外での活躍の様子を，自分の目でみて確認することができます。

　世界の大学の情報も，手に入ります。各大学のホームページをみれば，どのような分野の学部があるのか，どのようなカリキュラムになっているのか，どのような先生がいるのかなどの情報を瞬時に手にすることができます。大学図書館の情報も，生活についての情報もほぼわかるようになっています。さまざまな雑誌やニュースの情報も，コンピュータの前でキーボードを操作するだけで手にすることができます。かつては考えられなかったほど，世界が身近になりました。と同時に，そのことは，私たちの考え方や行動への影響も大きくなっていることを意味しているのです。

◆ グローバル・エコノミー

　人やサービスや情報が自由に行き来する，そのようなグローバル・エコノミーが実現するときは来るのでしょうか。おそらく，それは，企業活動のグローバル化の歩みにかかっているでしょう。貿易についてみてみましょう。第二次世界大戦後の自由貿易の発展に大きな役割を果たしたのは，「関税及び貿易に関する一般協定（The General Agreement on Tariffs and Trade：GATT）」[7]（1948 年発足）でした。現在は GATT の内容をいっそう発展させた「世界貿易機関（The World Trade Organization：WTO）」[8]（1995 年発足）が，自由貿易を進めるための国際的なルールづくりや紛争処理の取り組みを行っています。2016 年 12 月現在，WTO に加盟している国・地域は 164 におよんでいます（外務省ホームページ）。

　さらには，地域経済統合の動きも進んでいます。南北アメリカやアジ

7　GATT：外国からの輸入品にかける関税の差別待遇をなくし，自由貿易を進めるための協定。日本は 1955 年に加入。
8　WTO：GATT に代わって，自由貿易を進めるための国際的なルールづくりや紛争処理を行う機関。

ア・太平洋地域での経済統合も拡大しています。また,「欧州連合(The European Union:EU)」[9]の実現(1993年)はその典型でしょう。加盟各国が自律性を保ちながら経済を統合していますが,「ユーロ(Euro)」[10]という加盟国の唯一の法定通貨が,2002年から流通を開始しています。2020年2月現在,EUには27の国が加盟していますので,とても大きな経済圏です。その経済圏の理念は,単一市場です。そこでは,人,物,サービス,資本の自由な移動を保障して,EUのすべての個人や企業にとって,27カ国,約4.5億人がひとつにまとまっていることにより生みだされた機会を最大限生かすことを目的としています。また,EUは経済統合にとどまらず,外交,安全保障,司法などの政治統合をめざす組織です。

経済統合は,矛盾も抱えています。加盟各国の経済的または政治的利害の調整が容易ではないことです。イギリスは,EU離脱を国民投票によって決定しました(2016年6月23日)。しかし,離脱賛成派の僅差の勝利(離脱51.9%,残留48.1%)という結果に,その苦悩が示されているように思います。結局,イギリスは2020年2月1日にEUを離脱しました。

以上の経済統合の動きは,悪くいえば一定の地域でまとまって,そこに属する国や企業だけを優遇し,そこに属さない国や企業を差別するということになるのではないか,とも受け取れます。つまり,閉鎖的な,閉ざされた経済圏づくりの動きなのではないかという見方です。このような動きを「ブロック経済(block economy)」[11]化ともいいます。たしかにそのようなことも起こるかもしれません。だから,WTOのような組織が重要になるのです。しかし,長期的にみれば,自由貿易の発展を止めることはできませんので,広域経済圏づくり,経済統合の動きは,基本的にはグローバル・エコノミーの進展だと考えるべきでしょう。

---

9 EU(欧州連合):1993年に創設された,ヨーロッパの政治統合をめざす組織。2020年2月1日にイギリスが離脱し,加盟国は27,約4.5億人の人口,法定通貨はユーロ。
10 Euro(ユーロ):2002年に法定通貨として流通を開始した,欧州連合の通貨単位。「ヨーロッパの」という意味。
11 ブロック経済:本国と政治上の同盟国などが一体となって,お互いに特別の便宜を図り,他国を排除する閉鎖的な経済。

2010年3月に第1回交渉が開始された「環太平洋パートナーシップ協定 (The Trans-Pacific Partnership Agreement：TPP)」[12] 交渉も，このような動きのひとつです。外務省は，次のように説明しています。

　　環太平洋パートナーシップ（TPP）協定とは，オーストラリア，ブルネイ，カナダ，チリ，日本，マレーシア，メキシコ，ニュージーランド，ペルー，シンガポール，米国及びベトナムの合計12か国で高い水準の，野心的で，包括的な，バランスの取れた協定を目指し交渉が進められてきた経済連携協定です。2015年10月のアトランタ閣僚会合において，大筋合意に至りました。今後，各国と連携しつつ，協定の早期署名・発効を目指していきます（2016年5月31日）。

2017年1月に発足したアメリカの新政権が離脱を表明したため，当初の12カ国ではなく11カ国による協定（TPP11）となりました。2018年3月に協定の署名が行われ，同年12月に発効しました。外務省は，次のように述べています。

　　本9日（現地時間8日），チリのサンティアゴにおいて，我が国から政府代表として派遣された茂木敏充内閣府特命担当大臣が，他の10カ国の代表とともにTPP11協定に署名しました。

　　この協定は，成長著しいアジア太平洋地域において，物品・サービスの貿易自由化や投資の自由化・円滑化を進めるとともに，知的財産，電子商取引，国有企業，環境等幅広い分野で21世紀型の新たなルールを構築するというTPP協定のハイレベルな内容を維持しつつ，この地域における自由で公正な経済秩序の更なる拡大の礎になるという大きな戦略的意義を

12　TPP：太平洋を環のように囲む成長著しいアジア太平洋地域の12カ国による，経済連携協定をめざして交渉開始。2017年1月の米国の離脱表明を受け，2018年12月に11カ国による協定発効。

有しています（2018年3月9日）。

　さらにまた，2019年2月1日に「日本EU経済連携協定（Japan-EU Economic Partnership Agreement：EPA)」[13] が発効しました。これにより，日本産品のEU市場へのアクセス，EU産品の日本市場へのアクセスが容易になりました。工業製品と農林水産品等の関税撤廃が目前に迫ってきました。日本からみれば，ワインや乳製品などのEUからの輸入食品が安くなります。EUからすれば，これらの製品の輸出が増加することになります。たとえば，大手総合スーパーなどでは，この協定発効後すぐに，欧州産ワインの値下げセールを行っていました。日本の自動車産業にとっても，今までよりも輸出しやすくなるでしょう。

　EUのGDPは約17兆ドル（世界GDPの約22％），日本のGDPは約5兆ドル（世界GDPの約6％）の巨大市場の誕生ですので，相互に恩恵をこうむる機会の増加が期待されています。外務省によれば，本協定は，「自由で公正なルールに基づく，21世紀の経済秩序のモデル」であり，「世界GDPの約3割，世界貿易の約4割を占める世界最大級の自由な先進経済圏が誕生」することになり，「日EUが貿易自由化の旗手として世界に範を示すもの」です。

　一方で，EPAの「光」の部分だけをみるのではなく，次のようなきびしい指摘のあることにも留意が必要です。

　　自由貿易を柱とする日欧の連携強化は政府が言う「光」だけではない。打撃を受ける「影」の部分から目をそらしてはならない。……／最も懸念されるのは農林水産業への影響だろう。かつてない市場開放となり，高い品質を持つ欧州産との厳しい競合に直面する。／岩手でも，豚肉や集成材などの林産物を中心に最大約30億円の生産減が生じると県が試算した。全国的にも欧州産の安い乳製品が増え，酪農への打撃が予想される。／政

13　EPA：日EU関係を新たな水準に高めるために，相互間で，自由で，公正な，開かれた国際貿易経済システムの強固な基礎を構築し，21世紀の経済秩序のモデルとなることをめざした協定。

府は EPA と環太平洋連携協定（TPP）発効に向けた農林水産業の規模拡大を急ぐ。補正予算案に 3 千億円超を盛り込むが，地域には小さくても酪農・畜産を続けられる対策を望む声が強い。／岩手，全国では今，酪農家が次々とやめていく現実がある。大規模補正で基盤を整える一方，長い目で生産を続けていける支援が求められる（「日欧 EPA 承認　影から目をそらすまい」『岩手日報』2018 年 12 月 12 日：https://www.iwate-np.co.jp/article/2018/12/12/40831）。

7.2 グローバル化とビジネス

❖ グローバル経営

◆ 世界を見すえた経営

わが国には，世界を見すえてビジネスを行っている多くの企業があります。身近なところから，例を挙げてみましょう。

誰もがよく知っているカジュアル衣料品店の「ユニクロ」を展開する「ファーストリテイリング（FAST RETAILING）」という「SPA」[14] 会社のホームページをみれば，この会社がだれを競争相手とみているのかがよくわかります。「IR（investor relations）」[15] 情報の「経営方針」中に「業界でのポジション」という欄があり，それは「世界の主な SPA（アパレル製造小売）企業との比較」と「世界の主な SPA（アパレル製造小売）企業の時価総額ランキング」の項目からなっています。ファーストリテイリングが世界を見すえた経営を行っていることは，「業界でのポジション」で世界的企業との競争状況を示していることに明らかです。

各社の決算時期が少し異なりますが，2018 年度の売上高からみると，ファーストリテイリングが世界のアパレル企業大手 5 社の一角を占めていることがわかります（図表 7-1）。同社を挟んで，南欧と北欧を代表するヨーロッパの企業とアメリカの企業がいます。スペインの「インディテックス（ZARA）」の売上高は 291 億ドル（3 兆 1,800 億円）で，圧倒的な存在感を示しています。続いて，スウェーデンの「H&M」の売上高が 220.5 億ドル（2 兆 4,100 億円）となっています。ファーストリテイリングは，194.8 億ド

---

14 SPA：specialty store retailer of private label apparel，素材調達・企画・開発・製造・物流・販売・在庫管理など，製造から販売までのすべての過程を一貫して行うアパレル製造小売企業。

15 IR（投資家向け広報活動）：企業が株主や投資家に，投資や財務の状況，業績動向についての情報を提供する広報活動。

図表 7-1　業界でのポジション：世界の主なアパレル製造小売企業

企業名 （主なブランド名）	国	決算期	売上高 （兆円）	売上高 (Billions or dollar)	前期比（%） （現地通貨ベース）
インディテックス （ZARA）	スペイン	2019 年 1 月	3.18	29.10	+3.2
H&M	スウェーデン	2018 年 11 月	2.41	22.05	+5.2
ファーストリテイリング （ユニクロ）	日本	2018 年 8 月	2.13	19.48	+14.4
Gap	米国	2019 年 2 月	1.81	16.58	+4.6
L ブランズ	米国	2019 年 2 月	1.45	13.24	+4.8
PVH (Calvin Klein, Tommy Hilfiger)	米国	2019 年 2 月	1.06	9.66	+8.3
ラルフローレン	米国	2019 年 3 月	0.69	6.31	+2.1
ネクスト	英国	2019 年 1 月	0.57	5.25	+1.9
アメリカンイーグル アウトフィッター	米国	2019 年 2 月	0.44	4.04	+6.3
アバクロンビー＆ フィッチ	米国	2019 年 2 月	0.39	3.59	+2.8
エスプリ	香港	2018 年 6 月	0.22	1.97	-3.1

（注）各社のアニュアルレポートより作成。2019 年 5 月 31 日時点の為替レートで算出（$1 ＝ ¥109.37）
（出典）ファーストリテイリング，ホームページ（2019 年 6 月 25 日）。

　ル（2 兆 1,300 億円）で第 3 位です。アメリカの 2 社，「ギャップ（Gap）」（165.8 億ドル，1 兆 8,100 億円）と「L ブランズ（L Brands）」（132.4 億ドル，1 兆 4,500 億円）がこれに続き，これらの上位 5 社は売上高が 100 億ドルを超えています。

　図表 7-2 は，以上の 5 社の売上高がこの 20 年ほどの間にどのように変化してきたのかを示したものです。前半の 10 年間は，ギャップの存在が際立っていました。しかし，期間全体を通してみれば，同社の売上高は停滞しています。私たちの実感からも，そのことがわかると思います。L ブランズも，かつて「ザ・リミテッド（The Limited）」ブランドで一時代を築いた企業です。ザ・リミテッドは 2017 年 1 月に破産しましたが，2000 年代前半の数値が過去の栄光を物語っています。

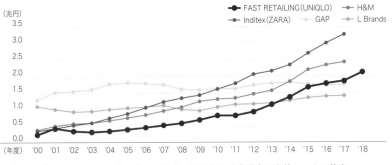

図表 7-2　世界の主な製造小売企業の売上推移

（注）各社のアニュアルレポートより作成。2018 年 8 月末時点の為替レートで算出。
（出典）ファーストリテイリング，2018 アニュアルレポート。

これとは対照的に，ZARA，H&M，ファーストリテイリングの売上高は，一貫して増加しています。ファーストリテイリングについては，最近の 10 年間の伸びが著しいことが特徴的です。同社の海外事業は急速に拡大しており，2018 年度に海外ユニクロ事業の売上高が，国内ユニクロ事業をはじめて上回りました。

柳井正代表取締役会長兼社長は，2018 年度のアニュアルレポートのなかで，「世界 No.1 のアパレル製造小売業をめざす」として，次のように述べています。

　　ファーストリテイリングは現在，ZARA を展開する Inditex 社，H&M 社に次ぐ，世界で第 3 位のアパレル製造小売業です。ユニクロは，これらのグローバルブランドと世界各地で競合すると同時に，共存共栄しながら，グローバルブランドとして各国・各地域のローカルブランドと競争しているといえます。ZARA や H&M はファッションを中心に商品展開しているブランドですが，我々ユニクロは，LifeWear（究極の普段着）というベーシックなウエアを中心とするコンセプトでお客様からの支持を集めています。これからもファーストリテイリングは，グローバルブランドとして確かな成長を続け，将来的には売上収益ともに，世界 No.1 のアパレル製造小売業になりたいと思っています（ファーストリテイリング，2018

年アニュアルレポート「トップインタビュー」）。

　近年，英語を社内の共通語にする企業が増えています。ファーストリテイリングもそうですが，楽天は，「世界一のインターネットサービス企業を目指す」として，2012年7月より社内公用語を英語に正式移行しています。外国人が経営陣にいる企業では役員会を英語で行う動きもあり，いまや「英語は企業人の必須科目に」なりつつあります。日本国内の市場が拡大しない，あるいは縮小しつつある現在，海外市場が競争の中心となっているからです。

　『日本経済新聞』の「社説　英語は企業人の必須科目に」は，次のように書いています（2010年7月8日付）。

　　企業が世界で稼ぐ経営モデルに軸足を移そうとするなら，英語は「やっておいて損はない」だけではなくパソコン操作や会計知識と同様，企業人の必須科目となる。

　学力の基本は，古くから「読み」，「書き」，「そろばん」（計算）だといわれてきました。このことは，いまでもまちがいなく真実だと思います。しかし，現代の企業人つまり私たちみんなが，「会計」，「パソコン（ICT）」，「英語」の能力を身につけておかなければならない時代になったということなのです。著者の知人は，この3つをグローバル人材に不可欠な能力だとして，「ACEをねらえ」（エース，野球やテニスを想像してください），と表現しています。つまり，Accounting, Computer, English の3つの基本能力すべてに，強みをもつことが不可欠な時代になってきているということです。

◆ マルチナショナル経営からトランスナショナル経営へ

　世界を見すえるにとどまらず，もう少し踏みこんでビジネスの世界をのぞいてみましょう。

　多国籍企業（Multinational Enterprise, Multinational Corporation：MNE/

MNC）という言葉を，私たちは普通に使っています。少し，身近な定義を
みておきましょう。

　　対外直接投資を行って，複数の国に定着した生産と流通の拠点をもち，
　国際的規模で事業活動を行う企業。多くの国に子会社や在外支社をもち，
　売上高・資産・収益・雇用などの海外比率が高い。超国籍企業（『広辞苑
　第六版』）。

　　複数の外国に生産・販売の拠点をもち，巨大な資本を投じて世界的な規
　模で活動する大型国際企業。多国籍会社（『精選版　日本国語大辞典』）。

　上の定義に示されていることは，多数の海外子会社を設立し，グローバル
な経営活動を行っているということです。従来の多国籍企業経営は，単純化
していえば，本国にある親会社が主要な経営人材を派遣して，現地子会社の
業績最適化のための経営を行うという方法をとっていました。本国を中心に
して，海外各子会社それぞれの業績の最適化を図る経営方法を，「マルチナ
ショナル」経営といいます。
　しかし，このような部分最適化（各子会社経営の業績最適化）では，必ず
しもグループ全体の業績最適化につながらないということが明らかになり，
近年では全体最適化のための経営方法，すなわち「トランスナショナル」[16]
経営（Transnational Management）が求められているといわれています。
IBM 元 CEO のパルミサーノは次のように述べています。

　　かつて，企業は各国の子会社，ビジネスユニット，製品群の集合とみ

16　マルチナショナルとトランスナショナル：文字どおりにいえば，マルチナショナルとは多くの
　　国あるいは種々の国のという意味，トランスナショナルとは国家を超えたという意味をもつ。企
　　業に関する用語法では，前者は複数の国で活動するグループ企業を本国の方針のもとに連結する
　　ことを意味し，後者はそれらの企業があたかもひとつの企業であるかのように活動すること，そ
　　の意味で国家という境界を超えたグループ活動を行うことを意味する。どちらも多国籍企業であ
　　るが，経営方法の進化の程度が異なる。

なされていた。（例えば，30 年前に IBM は多くの面で，マルチナショナル企業の代名詞であった。過去 10 年間で IBM 及びその顧客はグローバリゼーションと新技術に対応して構造的にも，運営的にも，文化的にも変化してきた。）外部とのアライアンスにも後押しされ，企業は特化した機能：調達，生産，研究開発，営業，サプライチェーン等，の連鎖と認識するようになった（Palmisano, Samuel J., "The Globally Integrated Enterprise," *Foreign Affairs*, May/June 2006. 牧野信夫訳）。

　多国籍企業の新しい形態であり，マルチナショナルを超える真にグローバル化した企業，パルミサーノの言葉を借りれば「グローバル統合企業（Globally Integrated Enterprise：GIE）」，すなわちトランスナショナル企業への進化が求められているのです。
　日系グローバル化学会社の元 CEO は，同社の経営実践を紹介しつつ，トランスナショナル経営のためのシステムづくりの重要性を強調して，次のように述べています。

　今後，IoT，AI の技術が進歩すればこのようなトランスナショナル経営はますますその強みを発揮することになると考える。90 年代までの"日本企業"のものづくりは拠点ごとの練度を向上させることで発展してきた。しかし 90 年代半ばからの IT 革命によって連結された Globally Integrated Enterprise が 21 世紀のグローバル製造業をも席巻してきた。／ものづくり革新は科学技術の進歩だけではなく，経営システムの変革無しには実行できない。"日本企業"の経営も早急にこの変化を取り入れる必要が有る（牧野信夫「グローバル化学工業の"ものづくり"」工業経営研究学会第 33 回大会特別講演資料，追手門学院大学，2018 年 9 月 11 日）。

　いまや世界的視野に立った経営が，真の意味でのグローバルな経営が求められる時代が確実に来ているということを，私たちはしっかりと認識しなければならないでしょう。

❖ グローバル化の課題

◆ グローバル化と市場経済

　自由貿易が進み，経済活動がグローバル化すれば，国と国，人と人，文化と文化の結びつきが強くなります。そうなれば，さまざまな商品が手に入り，世界各国のことを知りまた実際に行くこともでき，見聞を広めることができるでしょう。グローバル化は，基本的にはどの国の人びとにとっても利益をもたらすはずです。しかし，このような理想は，なかなか実現しません。グローバル化は，市場経済の発展とともに進むからです。

　市場経済は，厳しい競争の世界です。資金や情報をたくさん持つ国や企業がますます豊かになり，そうでない国や企業はさらに貧しくなる危険性があります。世界に生きる人びとは，どの国に生まれようとだれもが健康で文化的な生活を送る権利があるはずです。日本のように豊かな経済大国に住む私たちは，市場経済の陰の部分を十分に理解しておく必要があるでしょう。グローバル化はたくさんの問題を抱えていますが，少し例を挙げて考えてみましょう。

　「W杯ボールをつくるのは誰か」という記事が目にとまりました。そこには，次のような事実が指摘されていました。世界でもっとも多く（年間約3,000万個）サッカーボールを生産するパキスタン北東部の都市シアルコト（Sialkot）の地位が，中国に奪われつつあるというものです。児童をひどい条件で働かせたという批判を受けて，欧米のメーカーが中国製に変更した結果です。2010年のW杯南アフリカ大会で話題を呼んだ公式球ジャブラニ（JABULANI）は，中国製のサッカーボールです。パキスタン製は児童労働を使った手縫いのものでしたが，中国製のボールは機械生産です。

　　格安の労賃を探して，先進国の企業が世界をさまよう。その企業を追いかけるように，先進国の社会で不当労働をめぐる企業批判が高まる。グローバル経済が直面する新たな南北問題である（『日本経済新聞』2010年6月28日付）。

　第8章（8.1）でとりあげるグローバル・コンパクトに示されているように，世界各国の企業や人が，「公正（fair）」の精神に基づいて，人権，労働基準，環境，腐敗防止の各分野において世界的な社会貢献の取り組みを進めていかなければなりません。

◆CSR調達とフェアトレード

　「CSR調達」[17]という言葉を聞いたことがあるでしょうか。これは，企業が法律を遵守することはもちろんのことですが，環境保全や職場の安全などへの配慮という企業の社会的責任（CSR）の取り組みを，商品や原材料の調達先に求めることです。世界的にみれば，1990年代後半から関心が高まってきた動きです。

　IBM，マイクロソフト，デルなどのアメリカのグローバル企業が持っているCSR調達の項目にならってわが国でも，ソニーが，環境や安全，人権配慮などの条件を国内外の部品や素材メーカーなど4,000社に通知し，違反した場合は最終的に取引停止するなど企業選別に利用する考えを示したとの新聞報道がありました（『日本経済新聞』2005年10月7日付）。

　次に，少しずつ浸透している「フェアトレード（fare trade）」[18]についてみておきましょう。次のような説明がなされています。

　　"the activity of making, buying, and selling goods in a way that is morally right, for example by making sure that international LABOUR laws are obeyed, that the environment has not been damaged by making the goods, and that the people who grow or make a product have been paid a fair price for it: fair trade bananas".（道徳的に正しい方法で財を生産，購買，販売する活動。国際的な労働協定の遵守，環境破

17　CSR調達：企業の社会的責任への取り組みを，商品や原材料の調達先に求めること。
18　フェアトレード：直訳すれば，「公正な貿易」。国際フェアトレードラベル機構の日本におけるメンバーによる定義は，次のとおり。「開発途上国の原料や製品を適正な価格で継続的に購入することにより，立場の弱い開発途上国の生産者や労働者の生活改善と自立を目指す『貿易のしくみ』」（フェアトレード・ラベル・ジャパン）。

壊のない生産，生産者への公正価格の支払の実行など。「フェア・トレード・バナナ」）（*Longman Dictionary of Contemporary English*, 5th Ed.）

　フェアトレードを積極的に推進している民間の国際団体に，「国際フェアトレードラベル機構（Fairtrade International）」と「世界フェアトレード連盟（World Fair Trade Organization）」があります。前者は，フェアトレードの国際基準を定め，製品がこの基準を守っている場合にフェアトレードの認証ラベルを与え，フェアトレード商品であることを消費者にわかるようにしています。後者は，フェアトレード基準を満たしている団体に対して認定をしています。

　残念ながら現在のところフェアトレードには基準となる法律がないため，各企業などが独自の基準をつくって生産・販売しても，法的に規制されたり処罰されることはありません。もちろん，このような独自基準が上の２つの団体の基準よりもゆるいというわけではありません。上記団体が共同してフェアトレード用語集（Fair Trade Glossary）を作成していますので，フェアトレードの理解の参考にしてください。

　わが国でもフェアトレードに取り組む事例が少しずつではありますが，進んでいます。たとえば，流通大手のイオングループでは，プライベートブランドのトップバリュで商品を開発しているほか，Fairy's Favourite（フェアリーズ・フェイバリット）というフェアトレードの専門店を運営しています。高品質スーパーマーケットの成城石井も，「社会課題を解決し，社会と価値を共創する」ことが自社のCSRだとして，次のように述べています。

　　私たち成城石井は，日本はもとより世界中のこだわりのある食を探し求めることが事業の根本です。つまり，世界中の社会が抱える課題の解決なくして，成城石井の持続的な成長を実現することはできないと考えております。／私たちは，国連が採択した「持続可能な開発目標（SDGs）」の根幹に有る「将来世代のニーズを損なわずに，現代世代のニーズを満たす開発」に対して，世界中をフィールドとする企業の一員として真摯に向き合

い，SDGs の達成に貢献していくことを目指しております（成城石井ホームページ）。

このような取り組みがどんどん進み，日常化することを期待しています。

【コラム】「搾取工場」撲滅，米で合意

　ビル・クリントン元米大統領は 1997 年 4 月 14 日，劣悪な環境で長時間，低賃金労働を強いる「スウェット・ショップ（sweatshop，搾取工場）」の撲滅に向け，政府と衣料，靴業界，労働組合が合意したと発表しました。米国内外の孫請け工場などを監視員が巡回，最低賃金や法定労働時間の遵守などを点検するということです。米国内での摘発が相次ぎ，世論の批判が高まったことが背景です。この合意には，スポーツシューズ・メーカー最大手のナイキや衣料品大手の有力企業などが名を連ね，最低賃金の保障のほか，1 週労働時間の 60 時間以内への制限，最低週休 1 日の確保，15 歳以下の子どもの就労禁止などの指針の遵守をうたっているとのことです（『日本経済新聞』1997 年 4 月 15 日付）。

　スウェット・ショップ問題は過去のことではなく，いつまたそのようなことが起こるか，いまも起こっているか，わかりません。その背後に，営業の自由の意味を取りちがえる企業の存在と，決してなくならない貧困問題があるからです。次の書物は，この問題を考える参考になるでしょう。ピエトラ・リボリ著，雨宮寛・今井章子訳『あなたの T シャツはどこから来たのか？──誰も書かなかったグローバリゼーションの真実』東洋経済新報社，2006 年。

ビジネスの担い手としての企業

8.1　企業の役割

❖ 経済社会の大黒柱

◆ 競争は手段

　企業は経済社会の主役，大黒柱です。経済発展の原動力です。大黒柱が揺らげば，家はつぶれてしまいます。しかし，企業は，変化が激しく厳しい競争社会に身を置いています。競争から逃れることはできません。そして，競争社会を生きぬくには，立ち止まることは許されません。まるで下りのエスカレーターを登ってゆくような，日々の努力が必要です。立ち止まることは，後退を意味するからです。

　企業は絶えず新製品やサービスの開発に努め，新しいビジネスをつくりだしています。そうしなければ，国内外の企業との競争に敗れるからです。日

【コラム】ライバルに勝つのが目的ではない

　流通大企業イオンの前身，岡田屋が直面した流通業での競争について，イオン名誉会長の岡田卓也氏は次のようにふり返っています。

　「六五年には伊藤忠商事が名古屋鉄道と組みスーパー『マコー』の展開に乗り出した。一号店は四日市。開店初日のチラシに驚いた。紙質が良く，縁が銀色に光っている。しかも，三日連続で先着千人に醤油差しを進呈と書いてある。数日後には四日市の食堂の醤油差しのほとんどが『マコー』のマーク入りに変わった。／迎え撃つには岡田屋だけではかなわない。四日市の商業関係者は結束して，得意分野の商品の思い切った値下げやサービス向上に努めた。『価格とサービスで勝負だ』とみんなを奮い立たせ頑張った。／すると数カ月してマコーのチラシが変わった。紙質が悪くなり，見出しに『これでもか』とあった。『勝った』と思った。お客さんではなく，我々ライバルの方を向いて商売をしている。経費削減で店のネオンも消え，開店後約一年で撤退した。／経営とは大資本が必ずしも勝つとは限らない」（『日本経済新聞』2004年3月8日付）。

本企業の競争力が弱くなれば，私たちの生活が不安定になるということは，これまで説明してきたことからわかると思います。もちろん，企業がビジネスを行う目的は，競争に勝つことではありません。競争に勝つということは，目的達成のための手段にすぎません。私たちの生活を豊かにするための製品やサービスを絶えず開発することによって，企業は，経済社会を支える大黒柱としての役割を果たすことになるのです。

◆ 新製品やサービスの提供

　変化が激しく厳しい競争社会において，長期にわたって企業の成長を維持することは容易なことではありません。それゆえ，企業は絶えず，新製品や新しいサービスを生み出そうと努力しているのです。こうした企業活動は，社会を活性化し，経済を発展させるために不可欠です。

　身近な例を挙げてみましょう。わが国の即席めん市場で現在，約半分のシェアを占めるトップメーカーは，大阪市に本社がある日清食品です。同社は，即席めん市場のパイオニア企業なのです。みなさんがよく知っている「チキンラーメン」や「カップヌードル」は，同社が開発した画期的な商品です。チキンラーメンは，1958年に日本で最初に発売されたインスタントラーメンです。熱湯を注いでからほんの2～3分待てばできあがり，という便利なものでした。また，栄養価が高かったことから，当時爆発的に売れた

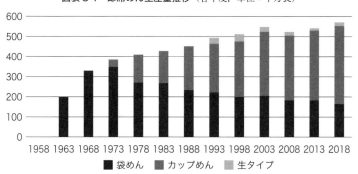

図表 8-1　即席めん生産量推移（各年度，単位：千万食）

（出典）日本即席食品工業協会ホームページより作成。

といわれていますし，半世紀以上たった現在も販売されています。

　1971年に発売された「カップヌードル」も，すぐれものです。コップ型の発泡スチロール製（2008年以降，紙製）器つきで，プラスチックのフォークで食べるというアイデアは，当初から海外での販売を考えて開発したといわれています。2018年後期，日清食品創業者である安藤百福と妻の仁子の半生をモデルにして，NHK朝の連続ドラマ小説「まんぷく」が放映されました。大阪府池田市にある「インスタントラーメン発明記念館」という体験型施設を訪ねて，インスタントラーメンを発明した努力の跡をたどり，発明のヒントを得てください（安藤百福『魔法のラーメン発明物語』日本経済新聞社，2008年を参照のこと）。

❖ 社会的存在としての企業

◆ 経済発展と豊かな生活の担い手

　企業がモノやサービスを提供するために，新製品を開発したり新しい市場を創りだすなど，さまざまなビジネスを活発に行うことによって，国の経済力は高まり，人びとの生活も豊かになります。少し歴史を振り返ってみましょう。

　第二次世界大戦での敗戦によって，わが国の経済は非常に大きな打撃を受け，国民は戦後しばらくとても貧しい生活を余儀なくされました。しかし，国民一丸となった努力によって，わが国は1950年代から経済の急成長を実現しました。第1章（1.2）で述べたように，1950年代半ばから1970年代初期にかけてのこの経済の急成長期を，とくに「高度成長期」[1]と呼びます。経済の急成長期はその後もあるのですが，工業国としての日本の発展の基礎をつくったという意味で，この時期はとりわけ重要なのです。重化学工業を中心とした工業の発展がなければ，経済の発展は望めないからです。

　鉄鋼や造船ビジネスなどが大きく成長し，重要な港の隣につくられた「工

1　高度成長期：工業国日本の基盤をつくった，1950年代半ばから1970年代初期の間の経済の急成長期。

業地帯」[2]を中心に，いっきに日本が工業国になるための道が開けました。その後，いまも日本を代表する電機や自動車などのビジネスが発展し，日本経済を支えています。

　1968年には，一国の経済力を測る当時の指標であった「国民総生産（GNP）」（現在は，GDP）が，同じ敗戦国の西ドイツ（現在のドイツ）を抜いて資本主義国で第2位になりました。1960年代のめざましい経済成長は，生活面にもはっきりとあらわれました。この時期，家庭の電化が急速に進み，テレビ（白黒），電気洗濯機，電気冷蔵庫がほぼすべての家庭に普及するようになりました。こうして，私たちの生活は一気に便利になり，豊かな社会への仲間入りの準備ができたのです。

◆ 雇用機会と収入の提供者

　企業が発展すれば，そこで働く人びとの収入が増えますし，新たに雇用される人びとも増えるでしょう。企業の発展は，人びとの生活に大きな影響を及ぼします。

　わが国では従業員を採用する場合，「新卒一括採用」[3]が慣例となっています。高校や大学などの学校を新たに卒業する人びとのことを，新卒あるいは新卒者といいます。一括採用とは，この人たちをまとめて大量に採用するということです。学校の卒業時期は3月，企業への入社は4月1日付というのが一般的です。企業は一定数を毎年計画どおりに採用できることを願っているとは思いますが，国内外の経済状況や各企業の経営状態によって，採用者の数は大きく変動します。企業も大変でしょうけれども，採用される側からすれば生活の場を確保する見通しが不安定になるわけですから，もっと深刻です。

　経済活動は，好景気の時期もあれば，不景気になったりします。このよ

2　工業地帯：港に隣接し，重化学工業の工場が集中した地域。太平洋ベルトと呼ばれる京浜，中京，阪神，北九州の四大工業地帯，および瀬戸内工業地域のような比較的新しい地域。
3　新卒一括採用：官庁や企業で，学校を新規に卒業する人たちを4月に一括して採用する，わが国の慣行。

うな景気変動を避けることは，きわめて困難です。しかし，国も企業も，なんとか努力して景気変動の影響を小さくしようと努力しています。不景気は新卒者の採用に，大きな影響を及ぼします。たとえば，「石油危機（oil crisis）」（第一次）が世界経済に大きな影響を及ぼした時期（1973年秋から1974年），1975年度の新卒者に対して，わが国企業の多くが新規採用を停止するという事態が発生しました。

　しかし，それだけではありません。企業には従業員がいます。景気の悪化は，従業員の職の安定や収入に直接大きな影響を与え，働く人びとの生活が不安定になるという深刻な問題が起こります。

　従業員に支払われる給与の一部に，「賞与（bonus）」[4]があります。ボーナスと呼ばれるもので，官庁や多くの企業では，およそ毎年6月と12月に支払われます。その時期，各産業別にボーナスの平均金額が新聞紙上で提示されます。景気の状態，会社の業績，さらに産業の違いによって，ボーナスの金額はかなり異なってきます。景気が悪くなると，ボーナスの金額も少なくなりますので，私たちの生活を圧迫することにもなりかねません。住宅ローンなどの多額の返済を抱えている場合には，とくに深刻な問題となります。

　企業の従業員を雇用のあり方からみれば，「正規雇用」の従業員と「非正規雇用（non-regular employment）」[5]の従業員からなっています。正規雇用の従業員は，一般に正社員と呼ばれている，企業の中核となる人たちのことです。非正規雇用の従業員は，パートタイマー，アルバイト，派遣社員，契約社員などからなる人たちで，給与も正社員と比べるとかなり低いのが実情です。企業にとって，非正規雇用よりも正規雇用の場合は費用負担が大きいので，企業は正社員を必要最低限度にして，非正規雇用を利用することによって景気変動に対応しようとします。

4　賞与：通常の給与とは別に支払われる給与で，ボーナスと呼ばれる。官庁や多くの企業では6月と12月に支払われる場合が多い。
5　非正規雇用：比較的職が安定した雇用形態である正規雇用以外のパートタイマー，アルバイト，派遣社員，契約社員などの不安定な雇用形態。

図表 8-2　非正規就業者の割合の推移

雇用者（役員を除く）に占める非正規就業者の割合

（出典）総務省統計局「就業構造基本調査　結果の概要」2007，2012，2017 年より作成。

　2000 年頃から，非正規雇用とくに派遣社員や契約社員が一貫して増える傾向がありますが，景気悪化によって一番大きな影響を受けるのがこのような不安定な雇用形態にある人たちなのです（図表 8-2）。2008 年から 2009 年にかけて，非正規雇用の従業員の職の安定について，わが国の国会でも深刻な問題として取りあげられました。2014 年 11 月 6 日には，「非正規雇用労働者の待遇改善と希望の持てる生活を考える議員連盟（略称：非正規雇用対策議連）」が，超党派の国会議員によって発足しました。この問題は，現在も早急に改善されるべき重大な社会問題であると考えられます。

◆ 納税者

　企業は，ビジネス活動によって得た利益から税金を納めます。個人企業と会社とでは納める税金の種類が異なります。ここでは法人としての会社が納める税金について，簡単にみていきたいと思います。

　多くのサラリーマンや会社が納める税金には，国税・地方税あわせてさまざまなものがありますが，大きく 3 つに分けることができます。消費税のような消費に対する課税，家や土地の固定資産税のような資産に対する課税など，そして所得に対する課税です。たとえば，サラリーマンの所得に対する税金は，国税としての所得税や地方税としての住民税です。

　会社も個人の場合と同じく，税金の支払い義務があります。会社の所得に

対して国が課税する税金のことを，「法人税」[6]といいます。法人税が国税収入に占める割合についてみれば，景気変動の影響が大きいのですが，個人の所得税や消費税と並ぶ重要な国の収入です。常に利益をあげるのは企業経営者にとって大変なことであるとは思いますが，法人税を納めている会社が4割に満たず，残りの6割以上が欠損法人（赤字会社）というのが実情なのです（図表8-3）。

　これらの赤字会社は，法人税を納める必要がありません。多くの会社が赤字経営というのは，びっくりするような事実だと思います。しかし，少しでも赤字の会社を減らすことができれば国の税収は増え，社会を今よりももっと豊かにできるわけです。ですから，すべての企業経営者には，利益計上法人（黒字会社）をめざして常に努力し，人びとの生活を豊かにするという大きな責任が求められているのです。

図表8-3　利益計上法人数・欠損法人数の推移

区　　分	法	人	数	欠損法人割　合(A)/(B)
	利益計上法人	欠損法人(A)	合　計(B)	
	社	社	社	%
2007年度分	852,627	1,735,457	2,588,084	67.1
2008	740,533	1,856,575	2,597,108	71.5
2009	710,552	1,900,157	2,610,709	72.8
2010	702,553	1,877,801	2,580,354	72.8
2011	711,478	1,859,012	2,570,490	72.3
2012	749,731	1,776,253	2,525,984	70.3
2013	823,136	1,762,596	2,585,732	68.2
2014	876,402	1,729,372	2,605,774	66.4
2015	939,577	1,690,859	2,630,436	64.3
2016	970,698	1,689,427	2,660,125	63.5
2017	1,006,857	1,687,099	2,693,956	62.6
（構成比）	(37.4)	(62.6)	(100.0)	

（出典）国税庁「平成29年度分　会社標本調査—調査結果報告—　税務統計から見た法人企業の実態」2019年6月。

6　法人税：会社などの法人の所得に対して，国が課税する税金。

◆ 社会への貢献

企業には，さまざまなビジネスをつうじて利益をあげるという最も大切な責任があります。これまで説明してきたように，企業の順調な経営活動が私たちの生活を支えているからです。そして，企業は社会的な存在ですから，社会に貢献できるようにビジネスを行わなければなりませんし，ほとんどの企業はそのような考えを持っているでしょう。

「メセナ」[7]という言葉を聞いたことがあるでしょうか。この言葉は，フランス語で文化を擁護すること，一般に文化芸術活動の支援を意味しています。私たちは，文化や芸術活動に対して企業などが行うさまざまな支援を，メセナと呼んでいます。とくに企業メセナといういい方もします。わが国では1990年，各企業が自主的に行う文化芸術活動の支援をしやすくするために，「企業メセナ協議会」が設立されました。企業がメセナに取り組む姿勢は景気に大きく左右されますが，文化芸術活動を進めていくために，「企業メセナ協議会」が設立されました。企業がメセナに取り組む姿勢は，景気に大きく左右されますが，文化芸術活動を進めていくためにも，企業メセナの役割は大切です。

「フィランスロピー（philanthropy）」[8]という言葉を知っているでしょうか。こちらは英語で博愛，慈善，またそのような活動を行うことを意味しています。フィランスロピーは，上で説明した企業メセナや慈善的な社会奉仕活動などを含んだ幅広い言葉です。ギリシャ語の人類愛という言葉に根ざしていることから考えれば，フィランスロピーは，企業が取りくむ人類愛的な立場からのさまざまな社会貢献活動を意味していると考えられます。

社会貢献の「社会」という言葉は，国内だけを意味するのではありません。現代の企業は，国際的な視点から社会貢献を考えなければならない存在となっています。地球環境問題の解決に向けての企業の積極的な貢献は，企業が果たすべき重要な役割のひとつです。

7　メセナ：フランス語。一般に，企業などが行う文化芸術支援活動。
8　フィランスロピー：企業メセナや慈善活動などを含む，企業の人類愛的な立場からのさまざまな社会貢献活動。

　第 7 章（7.2）で少しふれましたが，「グローバル・コンパクト（global compact：GC）」9 という企業の世界的な社会貢献の取り組みが始まっています。グローバルは世界的な，コンパクトは同意・取り決めを意味します。当時の国連事務総長だったアナン氏が提唱して 2000 年から始まりました。世界各国の企業が，人権，労働基準，環境の 3 分野 9 原則（2004 年 6 月から「腐敗防止」が加わり，4 分野 10 原則）をしっかり守って行動しようという取りくみです。

　グローバル・コンパクトにわが国で最初に参加したのは，キッコーマン株式会社です（2001 年）。同社は次のように述べています。「キッコーマング

【コラム】アナン元国連事務総長の日本での発言

　「私は 1999 年に GC という構想を提案した。企業が人間らしい労働条件を提供し環境を保護することは，正しいだけでなくビジネスにも有益であるということを実証するよう企業に働きかけるものだ。／呼びかけに応えて 70 カ国以上の 1,200 超の企業，数十もの市民社会組織と労働組合連盟が行動を起こしている。2001 年 1 月には日本企業として初めてキッコーマンが参加し，今や日本の参加企業は 14 社に上る。／今日，日本は環境問題に関する優れた実績を生かし，国内でも国外でも人権を含むさらに幅広い社会問題に取り組んでいる。しかし，できることはまだある。私はすべての日本企業と指導的立場にある企業グループに，原則の遵守をはっきりと約束することによって GC を支持するよう求める。2004 年 6 月にニューヨークで開催予定の GC サミットを控え，さらに多くの日本企業の参加が得られることを期待している。／2003 年に創設された GC ジャパン・ネットワークは，日本の企業社会独特の価値体系と風土に GC を適切な形で組み込んでゆくだろう。／日本企業とその他のステークホルダー（利害関係者）の積極的な参加により，GC が企業市民を発展させる有益な場を提供するとともに，持続可能かつ包括的な世界経済を生み出す手助けとなり，その結果，グローバリゼーションの恩恵が世界の貧困層を含むあらゆる人に行き渡ると私は楽観している」（『日本経済新聞』2004 年 2 月 24 日付）。

9　グローバル・コンパクト：世界各国の企業が，人権，労働基準，環境の 3 分野での原則を遵守し実践していこうという世界的取り組み。2004 年から「腐敗防止」が加わり，4 分野 10 原則からなる。

ループは，2001年に国連の提唱するグローバル・コンパクトに日本企業として初めて署名しました。これは，企業の責任ある行動によって，グローバルな課題を解決していこうという趣旨に賛同したためです」（同社，ホームページ）。2020年12月18日時点で，382の企業・団体が参加しており，約10年前に比べると3倍近くになっています（2011年2月末時点で136の企業・団体の参加）。しかし，わが国の参加状況は，まだまだ決して胸を張れるものではありません。グローバルに活動を展開している日本企業の力からすれば，もっともっと積極的な貢献ができるはずでしょう。

8.2　個人企業と法人企業

❖ 企業とは

◆ 私企業と非営利企業

本章ではこれまで，企業が社会的に重要な役割を担っている存在であるということをみてきました。では，企業とは何でしょうか。「企業（business; business enterprise）」[10] という言葉は，一般的にいえば，業を企てるという意味です。業，すなわち事業（ビジネス）を考案し，実行することで，興業，起業，創業と同じ意味です。しかし，普通には，事業を行う組織を意味します。企業といえば，事業を行う組織を思い浮かべるのが一般的でしょう。そして，とくに経済活動を主目的とした事業組織のことを，企業と呼びます。すべての企業が営利を目的としているわけではなく，営利を目的とした経済事業組織のことを，「私企業（private enterprise）」[11] といいます。

営利を目的としない経済事業組織の代表的な企業には，「公企業（public enterprise）」[12] や「協同組合（cooperative）」[13] があります。協同組合は，私企業とともに民間部門において重要な役割を果たしています。英語名を略した「コープ」とも呼ばれ，親しまれています。市場メカニズムのなかで必ずしも強くない経済的立場の人びとが，自分たちの生活や事業を改善するために，ともに協力して行う事業組織のことです。

東京や大阪などの大都市ではあまり目にしませんが，各地に農業協同組

10　企業：経済事業を行う組織。営利を目的とする私企業と，営利を目的としない公企業や協同組合がある。

11　私企業：私的個人や集団が出資し，営利を目的として経営する経済事業組織。

12　公企業：主に政府や地方公共団体が，国民全体の利益のために，私企業では行えないような財やサービスの提供を行うために経営する企業。

13　協同組合：経済的に強者ではない人たちが，自らの生活や事業を改善するために協同して経済事業を行う組織。

合（農協），漁業協同組合（漁協），森林組合などが多数あります。スーパーマーケットに並ぶ野菜や魚，ホームセンターなどで売られている木炭などたくさんのものを生産しています。これらの組織は，「生産組合」と呼ばれます。私たちが生活している地域や職場にも，協同組合があります。「消費生活協同組合」と呼ばれるもので，たとえば大学にある生活協同組合（大学生協），地域の生活協同組合（地域生協）を利用している人も多くいます。

❖ 公共部門と民間部門

◆ 公共部門のビジネス

企業活動は，主に政府や地方公共団体が主体となって行う公益的な活動と，私企業などの民間の組織が行う私的な活動からなります。どちらの場合も社会に役立つことが前提ですから，私企業が行う活動も純粋には私的な活動ではありません。しかし，私企業の第1の目的は利益をあげることです。利益をあげることができなければ，倒産するほかありません。

一方，公益的な活動は，必ずしも利益をあげることができず一時的には赤字であっても，ビジネスを継続しています。その典型的な事例は，公的な部門のビジネスです。

「公共部門（public sector）」[14] とは，主に政府や地方公共団体によって，財やサービスの提供が行われる経済部門です。一般に，「公企業」がこの事業を担っています。公共部門のビジネスによって提供される財やサービスは，無料の場合もあるように，支払が高額にならないことが求められています。公共部門の役割は，民間部門では採算が取れないようなビジネスや，国民にとって欠くことができないようなサービスを提供することにあるからです。第3章（3.1）で説明した公共事業は，その典型的な事例です。

とくに，高齢者や家族を亡くした子供たち，健康を害した人たちのような社会的弱者といわれる人たちが，安心して暮らせる条件を整備するための生

---

14 公共部門：主に政府や地方公共団体が，国民全体の利益のために財やサービスの提供を行う経済部門。

【コラム】公共部門の目的

　「日本国憲法」第11条〔基本的人権の享有〕は次のように述べています。「国民は，すべての基本的人権の享有を妨げられない。この憲法が国民に保障する基本的人権は，侵すことのできない永久の権利として，現在及び将来の国民に与えられる。」

　私たちが人間らしく生きるための権利である，「平等権」，「自由権」，「社会権」などの権利を保障するような政策を推し進めることが，国家の重要な義務です。

　基本的人権の基本となる社会権のうち，「生存権」と「教育を受ける権利」についての次の憲法の規定は，公共部門の活動の根本的理念であると考えられます。

　・第25条〔生存権，国の社会的使命〕「①すべて国民は，健康で文化的な最低限度の生活を営む権利を有する。②国は，すべての生活部面について，社会福祉，社会保障及び公衆衛生の向上及び増進に努めなければならない。」

　・第26条〔教育を受ける権利，教育の義務〕「①すべて国民は，法律の定めるところにより，その能力に応じて，ひとしく教育を受ける権利を有する。②すべて国民は，法律の定めるところにより，その保護する子女に普通教育を受けさせる義務を負ふ。義務教育は，これを無償とする」。

活関連の公共事業や公的な財政支出は，重要な役割を果たしています。このような人たちには，できるかぎり低額あるは無料でサービスを提供する必要があるでしょう。

　また，教育の機会を国民すべてが均等に与えられるようにするための教育事業への支出も，公共部門に欠かせません。このことは義務教育についてだけのことではありません。それゆえ，高校や大学などの義務教育以外の教育費も，国や都道府県などは補助しています。

◆ 民間部門のビジネス

　公共部門のビジネスが利益をあげることを主要な目的としていないことは，すでに説明したとおりです。しかし，公共部門のビジネスを行っている組織は，公企業のような組織だけではありません。高速道路の建設や老人施設，学校などの建設は公共事業であり，営利を目的とはしていませんが，実際に建設事業を行っているのはその多くが私企業です。たとえば，学校を

建てる場合，株式会社○○組，□□建設という建設会社が，国，都道府県，市などから事業を請負い，さまざまな下請け企業を利用して仕事をしています。公企業が学校を建てるという例は，まずありません。

「民間部門（private sector）」[15] は，主に「私企業」によって財やサービスの提供が行われる経済部門です。すでにみたように，衣食住のビジネスの中心は私企業です。私たちの日常生活の食を主に支えているのは，スーパーマーケットという私企業ですが，病院や学校等の公共施設での食事提供なども私企業が行っている場合が多々あります。私企業には，小さい規模から世界的に活動を行っている巨大な規模のものまであり，これらの企業が市場メカニズムに基づいて競争することにより，経済成長をもたらしているのです。まさに，私企業はビジネスの中心的な存在なのです。

❖ 会社とその種類

◆ 個人企業と法人

わが国には事業規模の大小を問わず多数の企業が存在しており，そのほとんどは私企業ですので，普通に企業といえば私企業のことを意味します。企業は，私的個人ないし集団が出資し，営利を目的として事業を経営する組織です。このような企業には，主に「個人企業」と法人としての「会社」があります。

「個人企業（sole proprietorship）」[16] は，会社法によって規定されている企業形態ではありませんが，私たちの身の回りにあるなじみ深いものです。商店街の八百屋や豆腐屋，街角のたこ焼き店や寿司店など，会社形態をとっていない小規模な個人営業の店がその典型です。全事業所数の約4割近くを占めているといわれています。

個人企業は，事業を始めるための出資金もあまり多くを必要とせず，また諸手続きも会社の設立と比べれば容易です（図表8-4）。それゆえ，家族経

15　民間部門：主に私企業によって財やサービスの提供が行われる経済部門。
16　個人企業：法人形態をとらない小規模の個人事業。

図表 8-4　開業時の経営形態

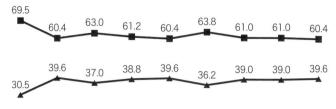

2002　2004　2006　2008　2010　2012　2014　2016　2018（年）

（注）上段は「個人」，下段は「法人」の割合（％）。
（出典）日本政策金融公庫「新規開業実態調査」（各年版）より作成。

営の場合が多く生活感に満ちた商売ですが，近年，大規模なチェーン店に押
されて，店をたたむところが多くなっているのが現状です。

　2005年に会社法が新たに成立しました。この法律に規定されている「会
社（company）」[17] にはいくつかの種類がありますが，そのほとんどは「株
式会社（stock company）」[18] です。それゆえ，会社とは株式会社のことで
ある，といってもよいくらいです。私たちの周りの企業のほとんどは，個人
企業と株式会社だということができます。

　会社は個人企業とは異なり，「法人（corporation）」[19] という存在です。
法人とは，出資者の団体である会社を出資者から独立させ，それ自体で経済
活動が行える存在として法的に認めたものです。会社は出資者から独立した
存在なのです。なぜそのようにする必要があるのでしょうか。もしたくさん
の出資者がいた場合に，その人たちがばらばらに考え行動したのでは，会社
の本当の考えや行動が何であるのかわからず，取引先などに混乱をもたらし
ます。そこで，出資者個々人の意向とは別に，会社自体の意思と行動をはっ

17　会社：私的個人ないし集団が出資し，営利を目的として経営する法人組織。
18　株式会社：合名，合資，合同会社と並ぶ会社のひとつ。会社資本金が株式に分割され，株主は
　　全員が有限責任であり，出資額以上の対外的な債務を負う義務がない。
19　法人：法律上のヒトであり，生きた人間のように考え行動することを法律によって認められて
　　いる存在。

きりと対外的に示すために，法人という制度がつくられました。会社は，法律上のヒトなのです。

　しかし，法律上はヒトになったとしても，生きた人間（自然人といいます）がいなくては会社自体というものは存在できませんし，実際に会社を経営することができません。それゆえ，法人が人間のように考え行動できるために，「機関（organ）」[20] というものを置くことになっています。機関には，株主総会や取締役会などがあります。株主総会や取締役会は自然人からなっていますので，これらの人びとが会社の経営業務の決定・実行・監督を行うわけです。会社の種類や規模によって，機関のあり方は複雑になっています。この点については，次章で説明します。

◆ 会社の種類

　会社法上の会社は，株式会社と「持分会社（membership company）」[21] の2類型に区分され，持分会社には，合名会社，合資会社，合同会社の3種類があります。図表8-5から明らかなように，会社の大半は株式会社という形態を採用しています。それゆえ，上で述べたように，法人企業といえば株式会社である，と考えてもよいでしょう。

図表8-5　組織別・資本金階級別法人数

区　分	1,000万円以下	1,000万円超 1億円以下	1億円超 10億円以下	10億円超	合　計	構成比
（組織別）	社	社	社	社	社	％
株式会社	2,179,140	337,328	15,547	5,652	2,537,667	93.8
合名会社	3,642	171	–	1	3,814	0.1
合資会社	15,582	526	–	4	16,112	0.6
合同会社	82,195	606	120	10	82,931	3.1
その他	48,272	16,663	699	469	66,103	2.4
合　計 構成比	2,328,831 (86.1)	355,294 (13.1)	16,366 (0.6)	6,136 (0.2)	2,706,627 (100.0)	100.0

（出典）国税庁「平成29年度分『会社標本調査』」2019年6月。

20　機関：自然人のように会社自体の意思と行動を対外的に示すために，法律上設けられた組織。
21　持分会社：合名会社，合資会社，合同会社の総称。

　「合名会社（general partnership company）」は，出資者である「社員（member）」[22] 全部が無限責任社員である会社です。社員にとって，会社債権者に対する債務弁済の負担が大変重くなります。「合資会社（limited partnership company）」は，無限責任社員と有限責任社員からなる会社形態です。有限責任社員は出資額までしか責任を負わないので，債務弁済の負担はかなり軽減されます。

　「合同会社（limited liability company）」は，2006 年に施行された会社法で創設された新しい種類の会社で，日本版 LLC と呼ばれています。同じくすべての出資者が有限責任である株式会社と比べ，設立費用が安く迅速に設立可能であることに加え，会社定款の記載内容の自由度が大きいため，認知度を高めています。しかし，出資者すべてが有限責任社員からなる会社なので，会社債権者の保護のために，他の持分会社とは異なるいくつかの規制が設けられています。

　会社の規模が大きくなるにつれて株式会社の存在感が圧倒的に高くなっていますが，新設の合同会社の数も年々増加しており，現時点では持分会社の8 割を占めています（図表 8-5）。

22　社員：社団法人の構成員，会社の出資者のこと。一般にいう従業員ではない。

第 9 章

株式会社としての企業

9.1　法人企業としての株式会社

❖ 株式会社の起源と経済的特質

◆ 株式会社の起源

　すでに述べたように，ビジネスの担い手には個人企業もあれば法人企業（会社）もあります。法人企業は，個人企業と比べれば比較的規模が大きく，それだけ経済活動の影響力が大きい存在です。法人企業のなかでも，とくに株式会社は数が多く，規模も大きいため，市場経済の中核的存在として活動しています。そこでまず，このような株式会社という企業形態がいつ頃生まれたのか，みてみましょう。

　株式会社の起源は，オランダ連合東インド会社だとされています。1602年に設立されたこの会社は，当時のヨーロッパで需要が多かったコショウ，ナツメグ，クローブなどの香辛料貿易を独占することを目的として，インドの東，とくにインドネシア東部を中心に活動していました。オランダ連合東インド会社は，後にイギリス東インド会社に東インド貿易の主役の地位を奪われることになりますが，17世紀は絶頂期で，約200年間続いた長寿の会社です。

　資本の出資者は，出資金を10年間は会社に預けておかなければならなかったので，会社としては持続的に営業ができたわけです。いわば「永続企業」としての制度がつくられていたわけです。さらに，出資者である株主の負担は，出資額を限度とする「有限責任制度」[1]が採用されていました。会社の経営の失敗に対する負担が軽いほうが，出資を募りやすくなるからでしょう。オランダ連合東インド会社は，ヨーロッパ諸国の株式会社のモデルになった，ともいわれています。

1　有限責任制度：株主は会社に対して出資額を限度として責任を負うという制度。

これよりも早い1600年に，イギリス東インド会社が設立されていました。ではなぜ，こちらが株式会社の起源といわれないのでしょうか。その理由は，この会社のビジネス（航海）が，1回ごとに元本も収益も含めたものすべて，株主に分配されるようになっていたからです。一時的にその場をとりつくろうことを「当座しのぎ」といいますが，イギリス東インド会社は当座のビジネスを行っていたわけです。ビジネスを継続するということが会社とりわけ株式会社にとって重要なことは，いうまでもないでしょう。さらに，イギリス東インド会社が永続的なものとなり，有限責任制度をとったのは，17世紀の後半以降のことです。

◆ 株式会社の経済的特質：資本の集中

では，株式会社の経済的特質は何でしょうか。そもそも，株式会社は，規模の大きなビジネスを行うために多くの人びとから資金を集めるのに最も適した企業形態として発展してきました。株式会社は，資本出資者の出資金を，均一で少額（たとえば，500円）の株式に分割した企業形態です。株式は会社の出資者（社員）としての地位を意味し，有価証券としての株券で表します。そして，株式をもっている人や企業などのことを株主といいます。

株主は，出資金額を限度とする有限責任を会社に対して負うだけです。会社が新たに資金を必要とする時にも，追加の出資の義務はありません。また，会社がビジネスに失敗して損失を出した時にも，対外的に責任を問われないことが法律で保障されています。たとえば，ある株式会社に50万円出資して株式を買った人は，会社のビジネスが失敗して大きな損失が出ても，50万円の株式の価値がなくなるだけです。

そもそも，会社は個人企業と異なって，複数の出資者がいることを前提とした共同企業です。大規模なビジネスを営むための企業形態なのです。ある個人（事業主）がビジネスの規模を大きくしようとすれば，たくさんの資金が必要になります。そこで，他の人に出資をしてもらわなければなりません。株式会社は，有限責任制度と株式の譲渡の容易さによって，大規模な資本を集めることが可能となるしくみをもっているのです。

◆ 株式会社の経済的特質：支配の集中

　ビジネスを拡大する上では，資本の集中に加えて，もうひとつ解決しなければならない重要な問題があります。ビジネスの規模を大きくするということは，経営の支配権をもつ事業主のリスク負担も大きくなるということを意味します。事業を拡大すればするほどリスク負担が重くなるというのでは，事業主は，もっと資金調達をしてビジネスを拡大しようという意欲を失ってしまうでしょう。この問題は，事業主も含めたすべての出資者を有限責任社員とした株式会社によって解決されました。

　さて，出資者がすべて有限責任となったことで，合名会社や合資会社では当然とされていた事業主の経営支配権の問題はどのようになるのでしょうか。無限責任社員だけからなる合名会社や，無限責任社員に経営への発言権を持たない有限責任社員が加わった合資会社であれば，事業主が経営支配権をもつのは当然でしょう。なぜなら，事業主はリスク負担の無限責任を負うからです。

　株式会社では，合名会社や合資会社と異なり，株式1株に1議決権の経営支配権が与えられているため，すべての株主は形式的には平等の経営に対する発言権を持っています。このことは，株式をたくさん持っている人ほど強い支配権があるということすなわち，多数決原理によって，事業主が大株主でありさえすれば，株式会社の経営支配権を確保できるということを意味します。

　以上のように，株式会社は，ビジネス拡大のための資金を集中する制度として最もふさわしい企業形態であるとともに，出資の分散（多数の株主）に対する経営支配権の集中をも可能にした企業形態である，という特質をもっているのです。

❖ 株式会社の機関と種類

◆ 機関の意義

　株式会社は法人，すなわち法律上のヒトです。同じくヒトでありながら，

法人は人間（自然人）とちがって，意志を示し行動することができません。そこで，法人の意志を示し行動を行う自然人や会議体が必要になります。これが前章（8.2）で説明した「機関」の意義です。法人である会社は，人間の場合の器官と同じように，機関がなければ存在できないのです。株式会社の機関にはたくさんの種類がありますが，その役割から分類すると，①意思決定，②執行・代表，③監査・監督機関からなります。

ひとくちに株式会社といっても，どのような機関を置くかという基準は複雑です。大まかにいえば，会社法上の「公開会社」[2]であるかどうか，「大会社」[3]であるかどうかが，機関のあり方（機関設計）を決める大きな基準だと考えてよいでしょう。会社法上の公開会社とは，すべての株式に譲渡制限がある会社以外の株式会社のことだと説明されています。つまり，譲渡が制限されない株式を一部でも発行する会社は，公開会社なのです。公開という言葉の使い方が難しいので，注意が必要です。

会社法が基本とする株式会社は，会社総数のほとんどを占めるごく小規模で単純な組織の会社です。公開会社や大会社の基準を満たしているものについては，基準に応じて機関が整備されています。どのような株式会社にも設置しなければならない機関，つまりもっとも単純な株式会社の機関は，株主総会と1名以上の取締役だけです。

「株主総会」[4]は，株式会社の最高意思決定機関です。小規模で単純な株式会社においては，まさにそのとおりです。会社経営の業務執行を担う取締役の選任・解任など，重要な事項の決定を行います。しかし，公開会社の場合には取締役会を置かなければならず，小規模な非公開会社と比べれば，株主総会の権限は狭くなります。

ところで，業務執行という言葉には少し注意が必要です。ふつうに考えれば，業務執行といえば，何かの業務を実際に行う（実行する）ことだと考え

2　公開会社：譲渡が制限されない株式を一部でも発行する株式会社。
3　大会社：資本金が5億円以上または負債総額が200億円以上の会社。
4　株主総会：株主からなる株式会社の最高意思決定機関。ただし，会社の種類によって，その権限は異なる。

るでしょう。ところが，会社法上の業務執行とは，実行することだけでなく，意思決定することも含んだ言葉なのです。株主総会から会社の業務執行を任された人を，「取締役」[5]といいます。

　小規模な非公開会社の場合ですと，取締役は，強い権限をもつ株主総会の決定にしたがって実行することが主な仕事になるでしょう。しかし，取締役からなる「取締役会」[6]が設けられると，そうはいきません。株主総会の権限は狭くなり，取締役会が，重要な業務執行の意思決定を行うとともに，取締役を監督する機関になるからです。わが国の多数の大会社において，取締役会の意思決定に基づいて業務執行を実行し，会社を代表する機関を，「代表取締役」[7]といいます。

　大会社で公開会社である多くの会社は，「上場会社」[8]です。これらには，監査役会設置会社，指名委員会等設置会社，2014年に認められた監査等委員会設置会社の3種類があります。以下では，日本の大会社の大多数を占める監査役会設置会社と，米国型のコーポレート・ガバナンスをモデルとした指名委員会等設置会社について，説明します。

◆ 監査役（会）設置会社

　トヨタ自動車やパナソニックなどの上場会社の大多数は，「監査役会設置会社」です。上場会社の数は会社総数のわずかでしかありませんが，経済的影響力が大きく従業員数も多い会社がほとんどです。

　公開会社である取締役会設置会社では，次に説明する指名委員会等設置会社や監査等委員会設置会社でない場合には，「監査役」[9]を置かなければなりません。そしてさらに，大会社の場合には，3人以上の監査役からなる監査

5　取締役：会社の業務執行を行う役員。ただし，会社の種類によって，その権限は異なる。
6　取締役会：株主総会で選ばれた取締役3名以上からなる機関。会社の重要な業務執行について，意思決定を行い，取締役の業務を監督する。
7　代表取締役：会社の業務執行を実行し，会社を代表する機関。
8　上場会社：証券取引所が指定する基準を満たし，株式の売買が認められている会社。
9　監査役：取締役の仕事を監査する人。指名委員会等設置会社や監査等委員会設置会社でない取締役会設置会社では，必ず置かなければならない機関。

役会を置かなければなりません。そこで，このような会社を「監査役会設置会社」[10] とよびます。東証第一部上場会社の場合，70％余りが監査役（会）設置会社です。このような会社での監査役会の役割は，取締役会を監査することです。

前に説明したように，取締役会は，会社経営の重要事項を決定するとともに，その決定に基づいて具体的に実行する代表取締役の仕事を監督することになっています。この取締役会がまちがいを犯さないように，その仕事を監査するのが監査役会の役割なのです。この場合の監査には仕事そのものの監査（業務監査といいます）と会計監査とがあります。会計監査を行うのは，公認会計士や監査法人です。取締役会をチェックするわけですから，監査役と会計監査人を選ぶのは，株主総会の重要な仕事です。

監査役会設置会社の株主総会の権限は，先に説明した最高意思決定機関にはほど遠く，会社法および会社の定款に決められたことしかすることができないのです。それゆえ，経営の業務執行を行う経営陣は，株主総会からかなり自立した力をもっていると考えられます。

◆ 指名委員会等設置会社

「指名委員会等設置会社」[11] は，規模の大小や公開・非公開を問わず，どの株式会社でもこれを選べます。取締役会と会計監査人を置かなければなりませんが，監査役を置くことはできません。この種類では，取締役会のなかに指名委員会，報酬委員会，監査委員会の3委員会を設けること，どの委員会もメンバーの過半数が「社外取締役」[12] であることが求められています。取締役会内に指名委員会等の委員会を置いているので，指名委員会等設置会

---

10 監査役会設置会社：取締役会を監査するための監査役会を設置している会社。わが国の大企業の多数を占めている。

11 指名委員会等設置会社：取締役会のなかに，過半数が社外取締役からなる独立性の高い3委員会を設置する会社。米国型経営をめざすためにつくられた会社形態。2002年の導入時の名称は委員会等設置会社，2005年に委員会設置会社となり，2014年に名称変更。

12 社外取締役：過去も現在も，その会社や子会社の業務執行取締役や執行役，従業員になっていない取締役。

社というわけです。これらの委員会は独立性が高く，各委員会の決定を取締役会が変えることはできません。

　「指名委員会」の任務は，取締役の選任と解任について株主総会に提案することです。「報酬委員会」の任務は，取締役や執行役個人の報酬について決定することです。「監査委員会」の任務は，取締役と執行役の仕事を監査して監査報告をつくり，会計監査人の決定をします。取締役は業務執行の実行ができないので，取締役会の決定に従って実行する「執行役」[13] という機関を置かなければなりません。執行役がひとりであれば，その人が代表執行役となりますし，監査委員会のメンバーでない社内取締役は，執行役を兼ねることもできます。

◆ 監査役会設置会社と指名委員会等設置会社

　監査役会設置会社では，業務執行の意思決定・監督と実行の役割を，それぞれ取締役会と代表取締役で分担しますが，次のようなことが起こる可能性があります。いま，取締役はすべて社内取締役（常勤取締役）だと仮定します。取締役会では，各メンバーは取締役として同等の権限をもっているはずです。ここでの決定に基づいて，代表取締役が業務を実行します。一般に代表取締役は社長や副社長であり，他の社内取締役は，彼らの部下として業務を実行しています。取締役としての権限が同等であるといっても，取締役会の場で，仕事上の部下が上司の仕事をはたして監督することができるのでしょうか。また，自分自身も上司の指示にしたがって仕事をしているわけですが，取締役会の場では，監督者として自分自身をも監督しなければならないことになります。

　この例では，悪くいえば，自分で決定して実行し，そして自分自身を監督するというしくみになっているわけです。非常勤である「社外取締役」が多くいれば，制度上はこの問題は解決するでしょう。わが国の企業の場合，2000 年頃以前にはこの例のような実態で，米国と比べて社外取締役をほと

13　執行役：指名委員会等設置会社において取締役会の決定に基づき業務執行の実行を行う機関。

んど置いていませんでした。

　指名委員会等設置会社では，取締役会は意思決定と監督，実行は執行役という風に，制度上役割がはっきり分かれています。しかも，決定を行う取締役会の各委員会メンバーの過半数が非常勤の社外取締役であること，各委員会の独立性が強いことから，外部のチェック機能がはたらき，監督という取締役会の役割がいっそう強くなることが期待されます。しかし，いいことばかりではなさそうです。日々の経営業務に携わっていない人（社外取締役）が意思決定に大きな影響を与えることになりますので，会社の経営がうまく

【コラム】監査役会設置会社，指名委員会等設置会社，そして監査等委員会設置会社

　東京証券取引所（「東証」）の第一部上場会社は 2,148 社あり，監査役（会）設置会社 1,513 社（70.4%），指名委員会等設置会社 63 社（2.9%），監査等委員会設置会社 572 社（26.6%）となっています。2007 年 8 月には，同じく 1,726 社のうち，監査役（会）設置会社 1,673 社（96.9%），委員会設置会社（当時の名称）53 社（3.1%）でした。指名委員会等設置会社の選択が認められてから 17 年たちますが，ほとんど普及しておらず，大手金融グループ，日立製作所グループに比較的多く，ソニーや三菱電機，イオンや J. フロントリテイリングなどもそうです。それに対して，2014 年に認められたばかりの監査等委員会設置会社が急増していることがわかります。

　このように，監査役（会）設置会社は，大企業の多数が採用している会社組織形態です。他方，指名委員会等設置会社は，アメリカ型の組織形態だといってよいと思います。取締役の選任・解任，報酬の決定，監査を行う委員会を設け，その委員会の過半を占める社外取締役の権限が大きいという特徴をもっています。採用会社が非常に少ないのも，このことと関連がありそうです。

　監査等委員会設置会社は，他の 2 つの中間的な会社組織形態です。指名委員会等設置会社のように取締役会のなかに過半数の社外取締役からなる監査等委員会を設けていますが，取締役の選任・解任や報酬を決める委員会はありません。複雑な説明は省略しますが，監査役（会）設置会社を基本としながら，取締役会のなかに委員会を設け，社外取締役の役割（取締役に対する監査）を強めた会社組織形態だと考えてよいと思います。

　（出典）日本取引所グループ・ホームページ，2019 年 7 月 4 日閲覧。

いくのか不安に思う人もあるだろうと思います。このことが，現在に至って
も委員会設置会社が浸透してない理由のひとつであるように思います。

9.2　所有と経営の分離

❖ 大企業の「所有者」と経営者

◆ 所有と経営の分離という現象

　大企業に特有な現象として，「所有と経営の分離」[14] があります。これは，出資者である株式の所有者が会社の経営を行うのではなく，専門経営者が経営を行うという現象を意味しています。企業規模がある程度の大きさに成長するまでは，おそらく主要株式所有者（大株主）も実際に経営を行っているでしょう。しかし，巨大企業の場合は，事情が異なります。

　企業規模が巨大になるにつれて資本金額が増加し，株式は多数の人びと（法人を含む）に分散するようになります。そして，株主のほとんどは，わずかな数の株式しか持っていないために経営に携わる力もなく，また配当額や株価にしか関心を示さなくなります。一方，大株主だった人たちの持株比率も，規模の巨大化とともに低下していきます。巨大企業では，法人でない自然人の大株主がいないという状況も生まれています。また，企業規模の増大は企業組織や経営活動を複雑にしますので，このような状況の下で経営活動を専門的に行う能力をもつ人びとが必要になります。

　以上のことから，株式の所有者と経営活動を行う人が分離する状態，すなわち所有と経営の分離という現象が起こるのです。

　少し例を挙げましょう。まず，日本を代表する電機メーカーのひとつである，パナソニック株式会社についてみてみましょう（『有価証券報告書』2018年3月期）。筆頭株主（7.2％）を含め，10大株主のほとんどは信託銀行や生命保険会社などであり，これらで約28％を所有しています。上位の3社を除き2％未満の所有であり，個人はひとりも含まれていません。取締役が12

14　所有と経営の分離：株式の所有者である大株主ではない専門経営者が，経営の業務執行を行うという現象。

人いますが，このなかで創業家の取締役副会長（約1,270万株）を除くと，最もたくさんの株式を持っている人は代表取締役社長ですが，67,700株にすぎませんし，ほとんど持っていない取締役も数名います。この企業では，所有と経営の分離がはっきり確認できます。

　次に，急成長している大企業の株式会社ファーストリテイリング（『有価証券報告書』2018年8月期）の場合はどうでしょうか。筆頭株主は，代表取締役の柳井正社長です（22.5％）。信託銀行3社など法人を含む10大株主が約81％の株式を所有していますが，柳井社長の親族3名を含めると創業家の持株比率は34.2％となります。したがって，株主総会の特別決議（定款変更，会社の解散や合併などの重要事項）で拒否権を持てますので，経営に強い影響力を及ぼすことのできる比率を維持しています。現状では，同社において所有と経営の分離はみられませんが，近い将来はパナソニックと同じような状態になると予測されます。付け加えれば，同社には取締役が9名いますが（内5名，社外取締役），柳井社長と親族2名以外の取締役は，株式をまったく所有していません。

◆ 所有と支配の分離

　次に，「所有と支配の分離」[15] について検討しましょう。これは，大株主が会社経営の支配権を持つのではなく，代わって専門経営者がそれを持つ状態を意味します。先に説明したように，大株主の持株比率が低下する，また複数の法人株主が主要株主となった場合，会社の支配権が誰の手にあるのかという問題を提起しています。所有と経営の分離が進めば進むほど，事態は複雑になってきます。

　先に例示したパナソニックについて考えてみましょう。10大株主合計で30％弱の株式を所有していますが，すべて法人であるこれらの大株主は，会社の経営業務執行に重要な影響力を及ぼしているのでしょうか。株主総会で取締役を選任・解任する権限がありますので，経営業務執行を担う取締役会

15　所有と支配の分離：株式を所有する大株主に代わり，専門経営者が会社の経営支配権を持つようになること。

に間接的に影響を及ぼすことは可能です。しかし，実際の業務執行を行うのは専門経営者からなる取締役会ですので，これらの取締役会が経営支配権を持っていると考えるのが適切だと思います。

ファーストリテイリングの場合は，柳井家として3分の1強（34.2%）の株式を所有しているので，大株主である柳井家の意向が経営に大きな影響を与えることが可能であり，経営支配権を維持していると考えられます。そして，筆頭大株主である柳井社長が代表取締役，親族の大株主3人のうち2人が取締役として，すなわち専門経営者として経営業務を執行しています。つまり，所有と支配が結合しているわけです。

このように，所有と経営の分離という現象は，さらに，所有と支配の分離という問題を必ずもたらします。会社の経営が誰のために，そしてどのように行われているのかが見えにくくなっていることが，問題なのです。企業統治すなわち，コーポレート・ガバナンスが問題となっているのです。

❖ コーポレート・ガバナンス

◆ 経営機構の改革

会社の経営を行うしくみのことを，一般に「経営機構」[16]といいます。具体的には，すでに説明したように，会社の経営業務執行（意思決定と実行）を行いこの活動を監督するしくみのことです。1990年代の終わりころに，わが国で経営機構の改革が注目を集め，大きな議論になりました。

1997年5月，「取締役10人，経営一手に」「ソニーが機構改革」という見出しの衝撃的な新聞発表が行われました。

ソニーは22日，米国流のコーポレートガバナンス（企業統治）を取り入れた経営の機構改革を発表した。6月27日付で商法上の取締役を，社外3人を含む10人と現在の約四分の一に削減。この10人が経営戦略決定

16　経営機構：会社の経営を行うしくみのこと，つまり業務執行と監督を行うしくみのこと。

図表9-1　ソニーと米GEの経営組織比較

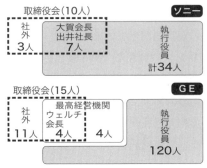

(出典)『日本経済新聞』1997年5月23日付。

と事業部門の監視に全責任を持つ体制に切り替える。事業部門の責任者は取締役をはずれ，執行役員という肩書きに変わる。ソニーの新制度は日本の大企業で『戦略立案』と『事業執行』を役割分担し，取締役会にはっきりした経営チェック機能をもたせる初の試みとなる（『日本経済新聞』1997年5月23日付）。

　取締役を減らして取締役会の活性化と意思決定をすばやくし，経営業務執行の実行を担う新たな「執行役員制度」を導入するということです。「取締役会，米国型へ転換」との見出しもつけられていましたが，GE（ジェネラル・エレクトリック社）とソニーの大きな違いは，社外取締役の比率です。GEでは取締役15人中11人で73％なのに対して，ソニーでは10人中3人で30％にすぎません。もちろん，当時の日本の典型的な大企業と比べればソニーの30％という比率はかなり大きいのですが，「米国型」というのはいいすぎでしょう。

　というのも，当時，出井伸之ソニー社長は，取締役には「ソニーの経営内容を深く理解している人物の方が望ましい」，「日本の実情に合っている」と社内取締役を重視すると述べていましたし，橋本綱夫副会長も，「社外取締役の員数については今後5～6名程度にまで増員することを検討しているが，米国のように取締役の過半数を社外取締役とすることまでは考えていな

い」，と述べていました。しかし現在，ソニーの取締役は，大多数が社外取締役となっています（2021年1月1日現在）。

◆ 執行役員制度の普及

ソニーが導入した執行役員は，すでに説明した「執行役」とは異なります。執行役は，指名委員会等設置会社において経営業務執行の実行を担う機関で，監査役会設置会社でいえば代表取締役に相当します。

これに対して，「執行役員」[17] は，監査役会設置会社などの大企業において広く普及している役職です。厳密にいえば，経営業務執行の実行責任者である代表取締役などのもとで，その役割の一部を担当する上級従業員であり，会社の機関ではなく使用人です。取締役会をスリムにして，意思決定・監督と実行機能を分けた結果生まれた役職ですが，会社法上に規定はありません。経営の重要な役割を担っているには違いありませんが，取締役のように業務執行の意思決定を行う権限はなく，実行の重要な役割の一部を担っている人たちなのです。しかし，多くの会社において取締役も含めてこの肩書を使用しているため，本来の概念が混乱していますので，注意が必要です。

ソニー改革をきっかけとして，わが国では1990年代末から，経営機構改革，とくに取締役の人数を減らし，執行役員制度を導入する動きが急速に進みました。2017年時点で，上場会社の取締役は平均で約8名（内，社外取締役約2名），4分の3の企業が執行役員制度を導入しています。また，上場会社の半数で，取締役が執行役員を兼務しています（日本監査役協会「役員等の構成の変化などに関する第18回インターネット・アンケート集計結果（監査役（会）設置会社版）」2018年4月27日）。

◆ コーポレート・ガバナンス改革

わが国の大企業において，経営のしくみが2000年頃から大きく変化して

17　執行役員：厳密にいえば，指名委員会等設置会社でない多くの大企業において普及し，代表取締役などの指揮のもとに業務執行の実行を担当する上級従業員。それゆえ，会社機関である「執行役」とは異なる。

きました。なぜこのような動きが起こったのでしょうか。そして，それは何を意味しているのでしょうか。

ソニー改革が発表された 1990 年代後半は，日米企業の収益力の格差が広がった時期でした。80 年代後半にはわが世の春を謳歌していた日本企業でしたが，10 年後に立場は一転しました。当時の新聞記事を眺めていると，そのことを実感できます。たとえば，『日本経済新聞』（1997 年 1 月 25 日）には，アメリカの企業の収益状況が好調で，景気の低迷に苦しむ日本企業との収益力格差（日米 ROE 比較）がいちだんと広がっていることが指摘されています。グローバル競争に真剣に立ち向かうことが避けられなくなったということです。この時期に持株会社の解禁，ストック・オプション制度の解禁が決められたのも，企業の合併審査基準が緩やかになったのも，そうした事情からです。

また，大企業の不祥事があいついで発覚し，日本企業の取締役会のありかたが真剣に問われた時期でもありました。「一連の不祥事や混乱を引き起こした企業に共通するのは，株主や利用者を軽視し，外に目が向かず，世間の常識とかけ離れてしまった姿である」（『読売新聞』1997 年 6 月 11 日付），とのきびしい指摘もありました。1998 年には，競争力をより強くするために，トヨタ自動車がダイハツ工業と日野自動車工業の子会社化の方針を決定するなど，グループ会社への出資比率を引き上げました。

翌 99 年，自動車業界大手の日産自動車が株式の 36.8% をフランスの自動車大手ルノーに売却するという大事件が起こりました。わが国を代表する大企業が外国資本の傘下に入るという衝撃的な出来事は，グローバル競争の荒波が日本を襲いつつあることを明らかにしました。

以上のような背景から，「コーポレート・ガバナンス（Corporate Governance)」[18] という言葉がひんぱんに登場するようになりました。コーポレート・ガバナンスとは，企業統治とも訳されるように，企業が社会性をもって持続的に運営できるしくみをつくることです。そのためには，株主，

18　コーポレート・ガバナンス：株主，経営者，債権者などの利害関係者の調整を図りながら，企業を持続的に運営するしくみのこと。「企業統治」とも訳される。

従業員，債権者などの企業の利害関係者（ステークホルダー）の権限や責任
関係を決めなければなりません。先に述べたように，意思決定をすばやく行
う体制づくりと，経営活動のチェック体制を整備すること，つまり経営機構
の改革が重要な課題となりました。

　1990 年代半ばまで，40 名を超える取締役がいる大企業が珍しくはありま

【コラム】社外取締役，増加傾向

　東証第一部上場会社の場合，各社にどれくらい社外取締役がいるでしょうか。指
名委員会等設置会社での比率が高いことは，本文の説明から明らかでしょう。総数
2,148 社のうち，社外取締役がいない会社は 2 社，1 名の会社 96 社，2 名の会社
932 社なので，社外取締役が 2 名以下の会社は 1,030 社，全体の 48％です。2012
年 10 月には，1,680 社のうち，社外取締役が 2 名以下の会社は 1,456 社（それぞ
れ 748 社，454 社，254 社），全体の 87％でしたから，急速に社外取締役を置く会
社が増加したことになります。とくに，社外取締役のいない会社がほぼなくなりまし
た。また，1 名の会社も激減し，2 名の会社が大幅に増えています。この背景には，
東京証券取引所の「コーポレートガバナンス・コード」（企業統治の指針）が 2015
年 6 月 1 日から適用されたという事情があります。

　しかし，日本の大半の大企業では，米国企業と比べれば相変わらず社外取締役の比
率がかなり低い状況にあります。いくつか例を挙げてみましょう。

　監査役会設置会社のトヨタ自動車では取締 10 名中社外取締役は 4 名，パナソニッ
クも 11 名中 4 名，比率が低いとはいえませんが 4 割程度です。もちろん監査役会設
置会社でも，亀田製菓（10 名中 6 名）や日清食品ホールディングス（8 名中 5 名）
のように，社外取締役比率が過半となる会社もありますが，数少ない例です。増え続
けているとはいえ，監査役会設置会社での社外取締役の比率は，相対的に高くない状
況です。

　他方，指名委員会等設置会社の日立製作所では 11 名中 8 名，ソニーでは 13 名中
10 名，イオンの場合は 8 名中 5 名で，社外取締役の比率がずいぶん高いことがわか
ります。イオンのライバルであるセブン＆アイ・ホールディングスは，監査役会設置
会社です。そして，社外取締役は取締役 12 名中の 5 名です。日本を代表する大企業
にこれだけの違いがあるわけです。ここには，コーポレート・ガバナンスに関する各
社の考え方の違いが表れているように思います。

　（出典）日本取引所グループ・ホームページ，2019 年 7 月 4 日閲覧。

せんでした。グローバル競争においてスピード経営が求められている今日，すばやく的確に意思決定をしなければなりません。そして，その決定と実行がまちがった方向にいかないように，しっかりとチェックすることが重要です。ですが，そのやり方は柔軟であってよいと思います。形式よりは中身が重要だからです。監査役会設置会社と指名委員会等設置会社，そして監査等委員会設置会社などは，どれもグローバル競争下のスピード経営という課題への対応策だという点では共通していますが，日米のコーポレート・ガバナンスの考え方には，違いもまた大きいように思います。

第 **10** 章

競争と企業間関係

10.1　企業の結合

❖ 企業系列と企業グループ

◆ 企業系列とは

　系列，とくに企業系列とは何でしょうか。以下の辞書では，「系列」を次のように説明しています。

　　企業の結合形態の一つ。生産，販売，資本，技術，重役派遣などによる大企業相互間，あるいは大企業と中小企業との間にみられる企業の結合（『精選版　日本国語大辞典』小学館）。

　　資本・経営者・生産・販売などの，企業間の結合関係（『広辞苑　第六版』岩波書店）。

　　"a conglomeration of business linked together by cross shareholdings to form a robust corporate structure" Origin: Japanese, from kei 'systems' + retsu 'tier.' (*The New Oxford American Dictionary*, 2001)

　この文章を訳すと，「株式の相互持合いを通じて強固な企業構造を形成している企業集団」となります。さらに，語源が日本語であるとして，「系」は「システム」，「列」は「階層」のことだと説明しています。

　上記 3 つの辞書の説明には，共通の欠陥があります。それは，タテの関係とヨコの関係の区別を曖昧にしていることです。最初の辞書では，系列はヨコの関係でもありタテの関係でもあると説明しています。次の辞書では，「企業間の結合関係」としか述べておらず，曖昧です。最後の辞書では，本文では曖昧な説明になっていますが，語源の説明のところではタテの関係を

意味することが読み取れます。

　"keiretsu" という言葉は英語になっていますが，海外では企業間のヨコの関係とタテの関係を含むものとして使用されているのが実情です。言葉の意味が時とともに変化するのもやむを得ないのですが，企業系列という言葉は，基本的にタテの関係を示す概念であることを理解しておくことが大切です。

　「親会社」[1]，「子会社」という言葉が一般的に使用されています。会社法は，親会社と子会社を，議決権などに基づく形式基準に加え，財務や事業方針の決定の支配関係という実質基準で定義しています。つまり，企業「系列 (keiretsu)」[2]とは，親子関係にある会社など支配・従属関係にある企業結合を意味する言葉なのです。

◆ 企業系列と企業グループ

　次に，企業グループあるいは企業集団という言葉も，よく耳にすると思います。上で説明した意味での企業系列とどのような関係があるのでしょうか。ビジネスを行うにあたって，企業はひとつの会社で行動するわけではありません。それゆえ，企業の結合関係を十分に理解する必要があるのです。たとえば，「企業集団」について，次のような説明があります。

　　さまざまな分野の大企業からなる企業集団は，日本経済において中心的な役割をはたしてきた。最近は銀行の合併が進むことにより，旧グループの枠をこえた企業集団の再編が進行している。親会社が子会社の株式を所有しておこなう系列取引，株式持ち合いなどは企業集団の要である（近津経史ほか編『2007　ニュースタンダード　資料現代社会』実教出版，103頁）。

「旧グループ」とは，戦後の高度成長を支えた「六大企業集団」[3]のことで

1　親会社：企業間関係において，支配する側を親会社，支配される側を子会社と呼ぶ。判定基準は，議決権数だけでなく実質的な支配力を含む。
2　系列：親子関係にある会社など支配・従属関係にある企業結合。

す。たしかに再編が進行し，各集団の枠をこえた連携が行われていますが，企業集団自体がなくなったわけではありません。現在も，三菱 UFJ 銀行，三井住友銀行，みずほ銀行というメガバンクを中心に，企業グループが存在しています。つまり，「企業グループ」[4]とは，企業のタテの関係を含むヨコの関係を指す言葉なのです。

　企業グループという言葉の使用には，少し注意が必要です。非常に大きな

【コラム】独立系システムインテグレーター，オービック

　IT 業界の独立系システムインテグレーター（Systems Integrator：SIer）に，オービックという会社があります。会長兼 CEO の野田順弘氏が，みづき夫人と 1968 年に㈱大阪ビジネスとして設立し，成長を続けている会社です。「部門の改善から全体最適化へ。ますます高度化する企業のニーズに，オービックは，どのメーカーの系列にも属さない独自のスタンスと，ワンストップ・ソリューションでお応えしてきました。企業の発展と共に変化・成長を続ける情報システム全体を将来にわたり見守ると同時に，新しい法制度への迅速な対応をサポート。／オービックは，お客様のビジネスパートナーとして，お客様の情報システムを常にベストの状態に保ち続けます」（同社ホームページ）。

　同社は，中堅企業の基幹業務システムで圧倒的な優位を誇っており，新卒就職人気企業ランキングの上位常連企業です。個々の企業力を高めることで日本を強くすることを目標としています。グローバル化した世界において，すぐれた IT システムの構築は競争優位確保にとっての鍵となるため業界競争は厳しく，そのなかにあって系列に属さぬ同社の高業績には，目を見張るものがあります。また同社は，スポーツ文化支援活動にも熱心な会社として知られています。長きにわたって青木功プロを通じたゴルフ振興の支援をしていますし，アメリカンフットボールのオービックシーガルズのスポンサーでもあります。

　「私の履歴書」（『日本経済新聞』）の連載文をまとめた野田会長の著書にふれ，そこに示された「独立心」を感じとってください（野田順弘『転がる石は玉になる』日本経済新聞出版社，2011 年）。

3　六大企業集団：戦前の三大財閥系の三井，三菱，住友と，高度成長期に金融機関を中心に形成された芙蓉，三和，第一勧銀グループの総称。
4　企業グループ：親会社を中心として，子会社や関連会社が結びついた企業の集団。

企業群であるトヨタグループを考えてみましょう。トヨタ自動車は，ホームページにおいて，トヨタ自動車の本家ともいうべき豊田自動織機をはじめとして16社を，「トヨタグループ」としています（「トヨタ自動車75年史」）。日野自動車やダイハツ工業のような子会社も，このなかに入っています。関連企業などを含めると，広い意味でのトヨタグループは多数に上り，一大企業群を形成しているのです。また，キリンホールディングスも，キリンビール，キリンビバレッジ，メルシャンをはじめとする国内外の26社をグループ会社と呼んでいます。キリンビールのホームページでは9社，キリンビバレッジでは11社，メルシャンでは3社の子会社が，それぞれの会社のグループ会社とされています（2020年2月現在）。

このように，企業グループは企業系列を意味するものとしても使われていますが，事実を理解していれば，これを企業集団と呼んでも差し支えはないでしょう。

10.2　企業提携と経営統合

❖ 提携とは

◆ 業務提携

　私たちが何かをしようとするときに，自分ひとりでは難しいと判断した場合には，他の人に協力を求めます。企業の場合も同じです。というよりも，企業こそ多くの場合，他の企業と結びついて市場での厳しい競争を生きぬいているのです。企業の競争を理解するには，単独企業の行動をみるだけでは不十分です。なぜなら，現代の大企業は，多くの企業が結びついて企業グループを形成し，さまざまな形で競争しているからです。すなわち，企業間関係の実態を把握することがとりわけ重要になっているのです。

　企業の結びつき，つまり企業結合のひとつの形態に「提携（alliance）」[5]があります。提携という言葉はいろいろな場面で使用されますが，ビジネス上の取引契約に基づく提携である「業務提携」と「資本提携」に分けて考えればよいでしょう。また，両方の内容を含む場合も多いので，資本業務提携と呼ばれることもあります。それから，提携は企業間の関係ですので，企業どうしの力関係に注意する必要があります。つまり，ヨコ（同等）の関係とタテ（上下）の関係を区別することが重要です。

　企業どうしの取引関係は，契約に基づいています。企業間の取引が密接で結びつきが強いような契約関係を，「業務提携」[6]といいます。業務の内容によって，技術提携とか販売提携などと呼んだりします。

　業務提携の身近な例（ヨコの関係）をみてみましょう。食品スーパーの全国的なチェーンのひとつである株式会社シジーシージャパンという会社は，各地にある中堅・中小のスーパーマーケットが加盟する「CGC（co-operative

---

5　提携：企業どうしの結びつきのこと。業務提携と資本提携に大別される。
6　業務提携：技術提携や販売提携など，企業間の結びつきを強める契約関係。

grocer chain）」グループを運営しており，共同の商品開発などを行っていますので，みなさんの目に触れることもあるでしょう。グループ加盟企業207社（4,157店舗）の総年商が4兆7,521億円（2021年1月1日現在）といいますから，1社当たり平均の年商約220億円，イオンやイトーヨーカ堂などの総合スーパーや大規模の食品スーパーと比べると，チェーン展開している企業としては比較的規模の小さな食品スーパーが加盟しているグループだということがわかります。

　もうひとつ，例を挙げましょう。「くらしモア」ブランドの商品を主とするオリジナル商品の開発や，スケールメリットを追求する共同仕入を行っている団体に，「ニチリウ」という大阪市に本社を置くグループ（会社名は，日本流通産業株式会社）があります。1974年に有力チェーンストア7社が結集して形成されたこのグループの加盟企業は，現在18社（約2,000店舗）で，グループ売上総額は3兆円に達します（2021年1月現在）。1社当たり平均年商が1,700億円弱ですので，CGCグループと比べるとかなり規模の大きい企業が加盟しているということがわかります。日本最大の食品スーパーのひとつであるライフコーポレーション，滋賀県に本社を置く平和堂，和歌山県のオークワ，そして大規模生活協同組合のひとつであるコープさっぽろ，コープこうべ，ユーコープなどが参加しています。

　単純比較はできませんが，これら2つのグループ全体としての売上規模は，イオンやセブン＆アイ・ホールディングスに次ぐほどの大きさですので，一大流通勢力だと考えることもできます。

　タテの関係は，巨大メーカーが販売店網をつくる販売系列や巨大流通企業によるプライベートブランド製品の納入メーカーに対する仕入系列などの流通系列，自動車メーカーなどにみられる下請系列が典型例です。

◆ 資本提携と買収

　さて，企業の強い結びつきの基本は，株式所有による資本参加です。これは，「資本提携」あるいは「買収（acquisition）」[7]と呼ばれています。広い意味では，資本提携に買収も含まれると考えてもよいでしょう。しかし，買

収という言葉には，資本参加によって企業の経営支配権を奪うという意味を
含んでいます。他方，資本提携には，このような買収以外の資本参加もあり
ますので，各事例をよくみて判断することが大切です。

　「株式公開買い付け（takeover bid：TOB）」[8]は，買収によく用いられる
手法です。これは，新聞紙上などで買い付けの目的・価格・株数・期間など
を示して，株式市場を通さずに不特定株主から直接に株式を買い集める方
法です。その代表的な例として，トヨタ自動車によるダイハツ工業の子会社
化（1998 年 9 月）や，パナソニックによる三洋電機の子会社化（2009 年 12
月）が挙げられるでしょう。株式をたくさん持てば持つほど経営支配権は強
くなりますので，結びつきも強くなり，市場での影響力も大きくなることが
期待できます。

　大阪府池田市に本社のあるダイハツ工業は，1998 年にトヨタ自動車の子
会社になり，トヨタ自動車が親会社（2016 年，完全親会社）になりました。
同じく大阪に本社のある三洋電機も，2009 年にパナソニックの子会社にな
り，パナソニックが親会社になったわけです。親会社を中心にして強いつな
がりをもつ会社の集団を，先に説明したように企業グループといいます。大
企業になればなるほどたくさんの子会社や関連会社をもち，企業グループで
結束してビジネスを展開しているのが実状です。

　子会社や関連会社の役員の状況をみると，親会社出身の取締役がいたり，
親会社の取締役が子会社の取締役を兼任していることがよくあります。たと
えば，ダイハツ工業の取締役には，トヨタ自動車出身の人びとが役員として
重要な地位を占めています。このような「役員派遣」[9]は，資本提携や取引
に基づく提携をさらに強めるために行われることが多いようです。関係を強
め，経営活動をいっそう進めるために提携したわけですから，人の結びつき
が強まるのも当然のことでしょう。

7　資本提携と買収：資本提携は，株式所有による資本参加のこと。とくに，相手企業の経営支配
　権を奪うような資本参加を買収と呼ぶ。

8　株式公開買い付け：株式市場を通さずに，不特定の株主から直接に株式を買い集める方法。わ
　が国では，1971 年の証券取引法の改正によって制度化された。

9　役員派遣：資本業務提携を強めるために，取締役などの役員を派遣すること。

　さて，株式公開買い付けの例をもうひとつ挙げておきましょう。2013年3月27日，日本最大の総合小売企業のイオンは，「ダイエー」[10]に対して株式公開買い付けを実施し，子会社にすると発表しました（『日本経済新聞』2013年3月27日付）。株式をたくさん持てば持つほど経営支配権は強くなりますので，結びつきも強くなり，市場での影響力も大きくなることが期待できるからです。その後2015年1月，イオンはダイエーを完全子会社化しました。そして現在，ダイエーブランドはほぼなくなりました。スーパーマーケットの発展過程を知る者としては，長らく流通業界の雄であったダイエーの名前の消滅は，寂しいかぎりです。

❖ 合併，事業統合，経営統合

◆ 合併

　企業提携は，互いの企業がどのような形で結びついているか確認することができます。ところが，もともと結びつきが強かった企業どうしの関係がいっそう進み，A社とB社が資本を合体して組織が一体化するという場合があります。これを「合併（merger）」[11]といいます。A社とB社が合併した場合，どちらか一方が消滅してもう一方が存続するか，両社とも消滅して新会社をつくることになります。それぞれ，吸収合併と新設合併といいますが，新聞紙上で合併の記事をみていると，吸収合併がほとんどだということがわかります。合併の場合，それまでの企業間の関係がみえなくなりますので，提携と呼ぶことはできません。

　総合スーパーの「ジャスコ」（現在のイオングループが，長く展開していた主要ブランド）や「サティ」（株式会社マイカルが展開していた商業施設のブランド）という店名が消え，すべてイオンになりました（2011年3

10　ダイエー：1957年に設立され，1990年代まで日本を代表する総合スーパーであった。1972年には，小売業売上高で三越百貨店を抜き，日本一となった。

11　合併：企業どうしが資本を結合して組織を一体化すること。吸収合併と新設合併がある。合併と買収を総称して，M&Aという。

月）。新聞報道では，次のように説明しています。

　　イオンは主力の総合スーパー事業を再編する方針を固めた。2011 年 2
　月期中に傘下で「ジャスコ」を運営するイオンリテールが，「サティ」の
　マイカルなど 2 社を吸収合併。……国内消費市場の縮小で不振に陥った主
　力の総合スーパー事業を立て直し，中国などアジア進出の加速につなげる
　（『日本経済新聞』2010 年 8 月 27 日付）。

　上の例は，イオンリテール株式会社が，マイカルとイオンマルシェ株式
会社（2005 年に日本から撤退したカルフールから引き継いだ店の運営会
社）の 2 社を「吸収合併」するということなので，イオンリテールが存続
して他の 2 社は消滅します。そして，店名が「永遠」を意味する「イオン
（AEON）」に統一されたため，私たちの周りからジャスコやマイカルという
店名がなくなってしまったわけです。

◆ 事業統合

　新聞紙上でよく使われる企業の結びつきを意味する言葉に，「事業統合」
や「経営統合」があります。「事業」はビジネスそのものを意味しています
し，「経営」はビジネスを行う組織を意味していると考えられます。そし
て，「統合」は一体化するということです。
　つまり，「事業統合（business integration）」[12] とは，独立した企業どう
しが共通のビジネスを一体的に行えるようにすることです。もちろん，企業
内の事業，たとえば PC（パソコン）事業とプリンタ事業をひとつにまとめ
ることも事業統合ですが，ここではもっとスケールの大きな企業間の関係に
ついて説明します。
　たとえば，NEC と中国のレノボ（Lenovo Corporation）は，日本国
内の PC 事業を統合して NEC レノボ・ジャパングループ（Lenovo NEC

12　事業統合：独立した企業どうしが，新会社をつくるなどして共通の事業を一体化すること。

Holdings B.V.）を発足させています（2011年7月）。このグループのもとで，レノボ・ジャパン株式会社とNECパーソナルコンピュータ株式会社という完全子会社が事業を行っています。これはレノボとNECによる，パソコン事業における「戦略的提携（strategic alliance）」[13]を意味しています。さらに，レノボは，富士通のPC事業を統合したため，富士通の完全子会社であった富士通クライアントコンピューティングは，合弁会社（レノボの出資，51％）として新たに出発することになりました（2018年5月）。

　これもまた戦略的提携の事例ですが，かつては日本市場の二大勢力であったNECと富士通のPC事業が，実質的にレノボ・グループの傘下に入ることになったわけです。そして，東芝のPC事業（東芝クライアントソリューション株式会社）も，株式の大半が台湾の鴻海精密工業傘下のシャープに譲渡されました（2018年10月）。このように，現在，わが国のPCメーカーは壊滅的な状況にあります。

　また，ジャパンディスプレイという会社（2012年4月発足）は，ソニー，東芝，日立製作所の中小型ディスプレイ事業を統合した新会社です。日本の大半のディスプレイ・メーカーを統合した会社であり，株式会社産業革新投資機構（「産業競争力強化法」に基づき2018年9月に発足した，政府出資が95％の組織）を主要株主とする，いわば国策企業ですが，近年の業績は必ずしも芳しくない状況です。国内液晶の「最後のとりで」としての同社は，売上高の過半を依存する米アップル向けの販売失速により収益悪化し，経営再建中ですが，見通しは明るくありません（『日本経済新聞』2019年2月15日付）。

◆ 経営統合

　「経営統合（management integration）」[14]は，企業組織そのものあるいは経営システムを統合し，異なるビジネスを行う企業組織があたかもひとつ

13　戦略的提携：複数企業が，長期戦略に基づき，協力して相互利益を生むプロジェクトを行うこと。
14　経営統合：企業どうしが持株会社をつくってその支配下に入り，企業グループをつくること。

の組織として行動するようになることです。経営統合は，事業統合に比べて
はるかに重大な意思決定が求められることが多いため，しばしば大きく取り
あげられます。以下，流通業界での事例をいくつかみておきましょう。

　　イトーヨーカ堂，セブン – イレブン・ジャパン，デニーズジャパンの 3
　社は経営統合して 1 日，持ち株会社，セブン＆アイ・ホールディングス
　を設立する。これに合わせてイトーヨーカ堂は 8 月 31 日，2009 年 2 月期
　までに不採算の 30 店舗強を閉鎖すると発表した。グループの体制を刷新
　し，不振の総合スーパー事業の改善を急ぐ（『日本経済新聞』2005 年 9 月 2
　日付）。

　みなさんがよく知っている，セブン＆アイ・ホールディングスの誕生で
す。2005 年 9 月 1 日の新聞では 2 面すべてを使って，「本日，セブン＆ア
イ・ホールディングス誕生。セブン – イレブン・ジャパン，イトーヨーカ
ドー，デニーズジャパンをはじめ，IY グループ各社は持株会社セブン＆ア
イ・ホールディングを設立いたしました」，という全面広告を出しました。
　株式会社セブン＆アイ・ホールディングス（英文名：Seven & i Holdings
Co., Ltd.）は「持株会社（holding company）」[15] です。資本金が 500 億円
もある大会社ですが，その事業内容についてセブン＆アイ・ホールディング
スのホームページ（2018 年 4 月）では，次のように説明しています。

　　コンビニエンス・ストア，総合スーパー，食品スーパー，百貨店，専門
　店，フードサービス，金融サービス，IT ／サービスなど，各事業を中心
　とした企業グループの企画・管理・運営（純粋持株会社）。

　セブン＆アイ・ホールディングスは「純粋持株会社」である，と記載され
ていることに注目してください。すなわち，実際にモノをつくったり売った

15　持株会社：株式所有によって，他の会社の事業活動を支配することを目的とした会社。純粋持
　株会社と事業持株会社とがあり，前者は 1997 年に解禁された。

りするのではなく，「企業グループの企画・管理・運営」を行うのが，この会社の事業内容なのです。具体的な事業を行うのは，グループ企業であり，コンビニエンス事業（国内と海外），スーパーストア事業，百貨店事業，専門店事業，金融関連事業，その他の事業を行う企業群からなっています。それぞれの事業には，セブン-イレブン・ジャパン，イトーヨーカ堂，株式会社そごう・西武，赤ちゃん本舗やロフト，セブン銀行など，有名な企業が含まれています。

　さて，2007 年から翌年にかけて，相次いで百貨店の経営統合が行われました。大丸と松坂屋が経営統合した J・フロントリテイリング（2007 年 9 月），阪急百貨店と阪神百貨店が経営統合したエイチ・ツー・オーリテイリング（2007 年 10 月），三越と伊勢丹が経営統合した三越伊勢丹ホールディングス（2008 年 4 月）の誕生です。このような百貨店の再編の動きに加え，高島屋とエイチ・ツー・オーリテイリングの経営統合の発表もありましたが（2008 年 10 月），実現には至りませんでした。

　これらの動きの少し前，そごうと西武百貨店が経営統合してミレニアムリテイリングが発足しましたが（2003 年 6 月），これをセブン＆アイ・ホールディングスが完全子会社にしました（2006 年 6 月）。そごう・西武は現在，同ホールディングスの百貨店事業において中心的な役割を果たしています。

　売上高（営業収益）ランキングでみると（2018 年 2 月あるいは 3 月決算），1 兆円を超えるのは三越伊勢丹（1 兆 2,700 億円）のみであり，高島屋（9,500 億円），J. フロントリテイリング（9,500 億円），エイチ・ツー・オーリテイリング（9,200 億円）がほぼ同じで，そごう・西武（6,900 億円）がこれに続いています（各社の有価証券報告書を参照）。これらの 5 社とそれ以下の企業とでは，かなり差があります。

　もうひとつ，例を挙げておきます。公正取引委員会の「平成 27 年度における主要な企業結合事例について」（2016 年 6 月 8 日）において，「事例 9 ㈱ファミリーマートとユニーグループ・ホールディングス㈱の経営統合」という見出しで，次のように書いています。

　　株式会社ファミリーマート（法人番号 2013301010706）（以下「ファミ
リーマート社」という。）を存続会社，ユニーグループ・ホールディング
ス株式会社（法人番号 5180001086231）（以下「ユニー GHD」という。）
を消滅会社とする合併を行い（以下，当該合併後のファミリーマート社を
「統合会社」という。）……

　これは，ファミリーマート社がユニーグループ・ホールディングスを「吸
収合併」した事例として説明されています。ファミリーマート社は合併と同
時に商号変更し，純粋持株会社であるユニー・ファミリーマートホールディ
ングス株式会社が誕生しました。その後，株式会社ファミリーマートに商号
を変更しています。ここでは合併の説明に「経営統合」という言葉を使用し
ていますが，経緯をくわしくみれば，本書でいう経営統合の後に，合併が行
われています。ともあれ，このような用語法は本書での定義とは異なります
が，経営統合という言葉のひとつの使用例であることに留意しておいてくだ
さい。用例にこだわるのではなく，実態を正確に理解することが大切だと思
います。
　なお，ユニー株式会社は，イオン，イトーヨーカ堂に次ぐ総合スーパー
を展開する，名古屋市に本社を置く大企業です。ユニー・ファミリーマー
トホールディングスの子会社でしたが，2019 年 1 月，総合ディスカウント
ストアなどを展開するドンキホーテホールディングス（2019 年 2 月，パン・
パシフィック・インターナショナルホールディングスに商号変更）の完全子
会社となりました。

第 11 章

営業の自由と規制

11.1　営業の自由の意味

❖ 営業活動とその利益

◆ 営業という言葉

ふだんの生活で，「営業時間のご案内」，「店舗営業時間」などという表示を目にすることがあると思います。ここでいう「営業」とはどういうことか，少し考えてみましょう。国語辞典（『広辞苑　第六版』）では次のように説明しています。

① 営利を目的として事業をいとなむこと，また，そのいとなみ。商業上の事業。商売。
② 〔法〕営利行為を反復かつ継続的に行うこと。また，個人商人が営業活動のために保有する財産を一括して営業ということがある。

一般に，営利目的の事業それ自体やその事業を行うこと，つまり取引そのものや取引をすることが営業の意味だということがわかります。と同時に，法律上では，営業活動に必要な財産のことも意味します。それゆえ，事業財産の全部または一部を譲渡することを，営業譲渡といいます。上の国語辞典によれば，営業譲渡とは，「営業財産を中心とする組織体としての営業を契約により他人に移転すること」，と規定しています。会社法では，会社によるこのような行為のことを，「事業譲渡」と呼ぶことにしています。もう少し詳しくみておきましょう。

国税庁は「営業の意義」について，ホームページ上で次のように説明しています。

　　一般通念では，利益を得る目的で，同種の行為を継続的，反復的に行な

うことをいいます。営利目的がある限り，現実に利益を得ることができなかったとしても，また，当初，継続，反復の意思がある限り，1回でやめたとしても営業に該当します。／具体的にどのような行為が営業に該当するかは，商法の規定による商人と商行為から考えられます。

法律上の営業の意味は複雑なようですが，一般的には，個人や法人が「利益を得る目的で，同種の行為を継続的，反復的に行うこと」，すなわち本来の事業を営むことであると理解しておけばよいでしょう。

◆ 営業上の利益

さて，新聞紙上では連日，各種の利益指標が示されています。たとえば，「経常（利）益」，「純利益」，「減益」，「営業（損）益」などの言葉です。このように利益や損失の種類もさまざまですから，それぞれの言葉が何を指しているのかに注意する必要があります。とくに，新聞紙上などでどの利益指標がよく使われているかを注意していれば，企業にとって重要な利益指標が何であるのかが理解できると思います。あたりまえのことですが，わざわざ発表するのは，その指標を企業が重要なものだととらえていると考えられるからです。

企業の業績を測るもっとも基礎的な尺度は，「売上総利益（gross profit）」です。これは，「粗利益」ともよばれ，企業がとりあつかう製品やサービスを製造・販売して得られる利益のことで，企業の業績を直接に測るもっとも基礎的な尺度です。売上総利益は，本来の事業活動で得た収益（営業収益）である売上高から「売上原価」を差し引いて求めます。売上原価というのは，卸売業や小売業では販売した商品の仕入れ値，製造業では製品の製造原価のことです。要するに，売上総利益はいわば利益のおおもとです。

さて，ビジネスを行うためには，仕入れ値や製造原価などの売上原価の他にも，さまざまな費用が必要です。製品やサービスを売るためにかかる費用や，製品やサービスの生産作業には直接関わってはいないけれど事業には必要な部門（間接部門）の費用があります。

　まず，仕入れた商品，製造した製品やサービスは，販売して代金を回収することによって初めて商売が成り立ちます。それゆえ，売上原価に加えて，このような販売のための費用も必ず考えなければなりません。これらの費用を，「販売費」（販売を担当する人の給料，販売手数料，荷造費，広告宣伝費など）といいます。また，製品の製造や販売をするには，その仕事に直接関係しない部署の助けが必要になります。これらの活動費用を，「一般管理費」（役員の給料，旅費交通費，通信費，水道光熱費，保険料，賃借料など）といいます。

　以上のように，事業を営むためには売上原価に加えて販売費および一般管理費が必要になります。これらの販売費および一般管理費を売上総利益から差し引いたものが，「営業利益（operating income）」[1]です。また，売上高（営業収益）と費用との関係に注目して計算すると，製品やサービスを生産し販売するという企業本来の業務に必要な費用である売上原価，販売費および一般管理費をまとめて「営業費用（operating expenses）」[2]と呼ぶので，営業利益は，売上高（営業収益）から営業費用を差し引けばいいわけです。

❖ 営業の自由の意味

◆ 職業選択の自由と財産権の保障

　自然人や法人には，営業活動を行う権利が保障されています。これを，「営業の自由」[3]といいます。営業の自由は，市場経済における基本原則で，日本国憲法で保障されている権利です。憲法上に営業の自由という言葉の明文化はありませんが，第22条第1項にある「職業選択の自由」と経済的利益を対象とする第29条の財産権の保障に根拠を求めることができるとされ

1　営業利益：本来の事業活動から得られる利益。売上総利益－販売費および一般管理費。
2　営業費用：本来の事業活動に必要な費用。売上原価，販売費および一般管理費の合計。
3　営業の自由：公共の福祉に反しない限り，自ら選んだ職業を自由に営む権利であり，経済的自由権のひとつ。

ています。第22条第1項の職業選択の自由には，当然のことですが職業を行う自由（営業の自由）が含まれると考えられます。そこでは，次のように規定されています。

> 何人も，公共の福祉に反しない限り，居住，移転及び職業選択の自由を有する。

すなわち，何人（自然人および法人）も職業を選択する自由を持っていること，したがって，この職業を営む自由（営業の自由）を持っているということです。ただし，「公共の福祉に反しない限り」という制限がつけられていることを忘れてはなりません。自由な営業，取引活動は，他人を害する可能性をふくんでいます。いくら憲法で保障された基本的人権のひとつだといっても，自由のまちがった解釈は，規制によって制限されるべきでしょう。

そもそも営業の自由が広く認められているのは，自由に職業を選ぶことができる権利を保障するということに止まらず，そのことによって経済活動が活発になり，社会が発展することを期待しているからだと思います。買いしめ，不良製品の販売，過大広告や偽装などが行われれば，わたしたちの生活がおびやかされることになります。そこで，営業の自由は，法律によって広く規制されているわけです。

ある百科事典では，営業の自由について次のように説明しています。

> 特定の営業を選択し，遂行する自由をいい，経済的自由権のひとつとされている。営業の自由の日本国憲法による保障は，第22条の職業選択の自由と第29条の財産権の保障にその根拠を求めることができる。ただしこの自由は，国民の生命や健康に対する危険の防止という警察目的からする消極的規制に加えて，国民経済の円滑な発展，社会公共の便宜の促進，経済的弱者の保護等社会政策や経済政策的見地からする積極的規制も受ける（「営業の自由」『ブリタニカ国際大百科事典』ブリタニカ・ジャパン）。

◆ 自由の意味

　自由と平等の聖典とされるフランスの人権宣言は，17 か条に定められていますが，その第 1 条で次のように述べています。

　　人間は，生まれながらにして，自由であり，権利において平等である。社会的な差別は，共同の利益に基づく場合にしか設けられることができない。

　この規定を，上で述べたわが国憲法第 22 条第 1 項と比べてみてください。人権宣言の精神がしっかりと受け継がれていることを，読み取ることができるでしょう。

　フランス革命の著名な研究者である G・ルフェーヴルは，フランス革命が「ヨーロッパで初めて，公共の秩序に反しないかぎりでの営業の自由を宣言した」（G・ルフェーヴル著，高橋幸八郎ほか訳「解説」『1789 年——フランス革命序論』岩波文庫，1998 年，382 頁）と述べています。そして，フランス人権宣言（「人権および市民権の宣言」）に示された「自由」の意義について，心にとどめておくべき重要な指摘をしていますので，以下に引用しておきます。

　　人権宣言にとっては，自律的で自由な個人こそが社会組織と国家との究極の目的であり，同時に，人権宣言は，人々の間に，選ばれた民も賤民も認めていない（同上書，362 頁）。

　　人権宣言は，人間の権利を宣言することを通じて，同時に，自発的に同意された規律，必要に際しての犠牲，道義の陶冶，一言でいえば人間の精神，といったものに訴えている。……自由は，勤勉，不断の努力，厳格な自己抑制，有事に際しての犠牲，そして，市民としてのまた私人としての徳，というものを前提にしている。したがって，自由に生きることは奴隷として生きることよりもはるかに困難なのであり，人々があれほどしばし

ば自由を放棄するのもそれがためである（同上書，370-371頁）。

　私たちは，人権宣言の根本思想である「自律的で自由な個人こそが社会組織と国家との究極の目的であり人類最大の遺産のひとつである」との考えに基づき，活力ある社会をつくりだしているのです。人権宣言の教えに学べば，自由とは責任をともなうものです。自由は，個々人が批判的精神を持ち，他者の権利を尊重し，社会に貢献するという精神，すなわち，個人および社会的存在としての徳を前提としているのです。

　自然人ならびに法人がもつ自由とは，このような意味での自由なのだということを，心にとどめておかなければならないでしょう。

11.2　営業の自由と規制

❖ 営業規制とその目的

◆ 営業の規制の必要性

　先に述べたように，営業活動には「公共の福祉に反しない限り」という制限がつけられています。自由な営業，取引活動は，他人を害する可能性を含んでいるからです。自由の勝手な解釈は許されません。ルフェーヴルが指摘しているように，自由は市民，私人としての徳を前提としているのです。人間にかぎらず法人というヒトに対してもまた，同じことがいえるでしょう。

　当然ながら，人の命や身体の安全をおびやかすモノやサービスを提供してはいけません。しかしながら，なかなかそうなっていないのが現実です。かなり前のことになりますが，世間を騒がせたいくつかの事件を紹介しておきましょう。食への信頼を大きく揺るがせた雪印乳業大量食中毒事件（2000年），日本ハム偽装牛肉事件（2002年），京都府丹波町の浅田農産船井農場をめぐる高病原性鳥インフルエンザ事件（2004年）などは，その一例です。

　とくに，浅田農産事件では，京都地検が浅田秀明社長と浅田農産を「家畜伝染病予防法」[4]違反で起訴する，という過去に例のない処分を下しました。感染の疑いをもってから発覚するまでの 10 日間，浅田社長はためらいながらも，感染の隠蔽に走りました。「一瞬にして会社がなくなると思った」ことが，隠蔽工作の動機でした。京都地検による異例の処分は，「食の安全を担う事業者に対し，より厳しいモラルを課し」，「雪印乳業食中毒事件（2000年），日本ハム偽装牛肉事件（2002年）などが相次ぎ，食品を扱う企業に対する消費者の視線は厳しさを増している……状況を踏まえ，法廷の場で事件の真相を明らかにし，経営者の責任を厳しく問う姿勢を示したものだ」，と

4　家畜伝染病予防法：家畜の伝染病を早期に発見し，感染の拡大を防ぐことを目的としている。家畜が伝染病に感染した疑いがある場合，家畜所有者には届け出義務が課されている。

いわれています（『朝日新聞』2004年4月21日付，夕刊）。

その他の例として，食べ残し料理の使い回し（「船場吉兆」2008年廃業），中国産ウナギの産地偽装（「魚秀」「神港魚類」2007年），事故米（農薬等による汚染米）の食用への不正転売（「三笠フーズ」2008年9月発覚）など，挙げればきりがありません。

このようなことが起こらないようにするために，法律をつくり，安全を守るように規制することが求められます。たとえば，食品衛生法，薬事法，製造物責任法，消費者基本法などはその一例です。また，経済活動を活発にするためや弱者を保護するために，つまり，公共の福祉を進めるために，さまざまな規制が行われているわけです。

◆ 開業規制と活動規制

営業活動の規制には，大きく分ければ，開業についての規制と開業の後の営業活動についての規制があります。営業活動は他の人に対する影響が大きいので，その事業を行う企業などの規模や能力，営業内容などが適切であるかどうかが重要になります。そこで，行政官庁は，開業するときに以上のようなことをチェックします。営業開始には，免許，許可，届出などが必要になります。

たとえば，家や土地を売買する不動産屋などの宅地建物取引業や，酒類の製造・販売業を始めるには免許が必要です。理容・美容業，クリーニング業の場合は，保健所への届出ですみます。また，飲食店や喫茶店を営業しようとすれば食品衛生法によって規制されますので，食品営業許可が必要になり，食品衛生責任者を置いていることが条件となります。以上のような許認可による規制は，各事業を行うときの必要最低条件を満たしているかどうかをチェックしていると考えればよいでしょう。

次に，営業を開始した後の規制，つまり営業の方法に対する規制について説明しましょう。経済の発展には，活発な競争が欠かせません。ただし，そのためには公正な競争であることが大前提です。そこで，公正な競争のルールを守って企業などが営業活動を行うことができるように，公正な競争を進

めるための法律が定められています。その主な法律は,「私的独占の禁止及び公正取引の確保に関する法律（独占禁止法）」(1947 年制定),「不正競争防止法」(1934 年制定),「不当景品類及び不当表示防止法（景品表示法）」(1962 年制定) の３つですので, 少し内容をみてみましょう。

❖ 独占禁止法

◆ 公正な競争と規制

公正で自由な競争を促進することを目的とした法律にはいくつかありますが, その中心は「独占禁止法」[5]です。この法律は, 公正で自由な競争の促進を通じて, 一般消費者の利益を確保するとともに, 国民経済の発展を促進するために,「私的独占」,「不当な取引制限（カルテル, 入札談合等)」,「不公正な取引方法」の禁止について定めています。

ただし,「公正」について積極的な定義を行っていませんので, 少し考えてみましょう。この言葉は, 意味の幅が非常に大きい言葉です。公平, 偏りがない, 明白で正しい, などと説明されており, はっきりと理解するのが難しいと感じます。それゆえでしょうか, 独占禁止法では「公正でない」行為について具体例を挙げています。それが, 上で述べた「私的独占」,「不当な取引制限」,「不公正な取引方法」などの自由競争を妨げる行為です。

独占禁止法違反として公正取引委員会が挙げている私的独占の例に, 次のようなものがあります。「大手パソコン部品メーカーによる私的独占」,「旅行業者によるカルテル」,「アイスクリーム製造販売業者による再販売価格の拘束」,「タクシー事業者による共同の取引拒絶」,「大手家電販売業者による優越的地位の濫用」などです（公正取引委員会「絵で見る　私たちの暮らしと独占禁止法の関わり」)。

5　独占禁止法：公正で自由な競争を促進することを目的とした法律の中心的存在。一般消費者の
　利益確保のために, 私的独占, 不当な取引制限, 不公正な取引方法の禁止を定めた法律。

◆ 独占禁止法違反

「公正取引委員会」[6]とは，独占禁止法などを運用するために設けられた，他の組織から独立した機関です。この委員会の役割をひと言でいえば，「企業のルール違反にイエローカード！」ということになります。公正取引委員会によれば，この委員会は「独占禁止法に違反する疑いがある企業を調査し，違反のあった企業に対しては，その行為をやめるように命令したり（排除措置命令），違反によって得た不当な利益を国庫に納めるよう命令します（課徴金納付命令）」。

あるコンビニエンス・ストア・チェーンの加盟事業者が販売期限の迫っている商品を見切り（値引き）販売しようとするのを本部がやめさせた事件は，不公正な取引方法のひとつである優越的地位の濫用の事例です。公正取引委員会は，チェーンを運営しているS社に対して，取締役会で決議することを含め，不公正な取引をやめるよう命令（排除措置命令）を行いました（2009年6月22日）。

この事例は，強気の定価販売を柱に成長を続けてきたコンビニエンス・ストアの経営姿勢を示していますが，最近はこの成長モデルに陰りがみられるといわれています。S社の場合，公正取引委員会の排除措置命令のすぐ後に，食品廃棄による損失の15％を本部が負担することになりました。しかし，相変わらずチェーン加盟店の食品廃棄の負担（85％）は重く，人件費の高騰とともに加盟店の経営を大きく圧迫しています。そこで，本部は，弁当やおにぎりなどの実質的な値下げをいくぶん認めることにしました。コンビニエンス・ストアのこれまでのチェーン運営方法は，転機を迎えているようです（『日本経済新聞』2019年5月18日付）。

もうひとつ，下請法違反を犯したI社の例を挙げておきます。この会社は，会社の経営方針を示す「社是」に，「お客様を第一とし　誠実を売り努力を怠らず　信頼を得るを旨とする」，と明記しています。しかし，消費者に販売する清涼飲料の製造を委託していた下請け業者に対して，「特別協

6　公正取引委員会：独占禁止法を運用して，企業の違反行為をチェックする，他の組織から独立した機関。

力金」という名目で，自社商品の販売促進のための費用を下請代金から減額した金額を支払いました。この件について，公正取引委員会は，今後そのようなことを行わないことを取締役会決議で確認すること，下請法の遵守体制を整備することなどの勧告を行いました（2018 年 2 月 5 日）。

❖ 景品表示法と不正競争防止法

◆ 景品表示法

　次に，独占禁止法の特例法である「景品表示法」[7]は，過大な景品類や虚偽・誇大表示によって消費者を惑わす行為を規制して，公正な競争を確保するための法律です。商品やサービスを実際よりも良くみせかける表示や過大な景品付きの販売が行われると，消費者はそれにつられて買ってしまい，不利益を受けることになります。そこで，このようなことが起こらないような環境をつくることが，この法律の目的です。

　この法律の所管は公正取引委員会でしたが，2009 年 9 月からは新たに発足した消費者庁が担当することになりました。消費者庁が発足してから初めて行った行政処分の事例を，みておきましょう。それは，大手コンビニエンス・ストア・チェーン F 社の販売するおにぎりに対する処分です（2009 年 11 月）。違反内容は，おにぎりを包む袋のシールに「国産鶏肉使用」とあり，このおにぎりの原材料に日本で肥育された鶏の肉を使っているかのように表示していたけれど，実際はブラジルで肥育された鶏の肉を使用していたというものです。

　消費者庁は，F 社に対して，「優良誤認」の規定違反の事実が認められたため，措置命令を行いました。命令内容は，同社の表示が「一般消費者に対し，実際のものよりも著しく優良であると示すものである旨を公示すること。再発防止策を講じて，これを役員及び従業員に周知徹底すること。今後，同様の表示を行わないこと」です。また，優良誤認の規定は，次のとお

7　景品表示法：過大な景品類や虚偽・誇大表示によって消費者をなど惑わす行為を規制して，公正な競争を確保するための法律。

りです。

　　商品又は役務の品質，規格その他の内容について，一般消費者に対し，実際のものよりも著しく優良であると示し，又は事実に相違して当該事業者と同種若しくは類似の商品若しくは役務を供給している他の事業者に係るものよりも著しく優良であると示す表示であって，不当に顧客を誘引し，一般消費者による自主的かつ合理的な選択を阻害するおそれがあると認められるもの（第5条第1項第1号）。

【コラム】独占禁止法，景品表示法および不正競争防止法

　　独占禁止法の目的について，公正取引委員会は次のように説明しています。「公正かつ自由な競争を促進し，事業者が自主的な判断で自由に活動できるようにすることです。市場メカニズムが正しく機能していれば，事業者は，自らの創意工夫によって，より安くて優れた商品を提供して売上高を伸ばそうとしますし，消費者は，ニーズに合った商品を選択することができ，事業者間の競争によって，消費者の利益が確保されることになります」。

　　景品表示法は，消費者庁によれば，「不当な表示や過大な景品類の提供による顧客の誘引を防止するため，一般消費者の自主的かつ合理的な選択を阻害するおそれのある行為を禁止するなどにより，消費者の利益を保護することを目的とする法律であり，公正競争規約は，景品表示法を根拠に，個々の商品・サービスごとに設定される業界の自主ルールです」。

　　不正競争防止法は，「事業者間の公正な競争及びこれに関する国際約束の的確な実施を確保するため，不正競争の防止及び不正競争に係る損害賠償に関する措置等を講じ，もって国民経済の健全な発展に寄与することを目的とする」（第1条）と規定されています。

　　競争秩序の維持を目的としている点では独占禁止法と不正競争防止法は共通していますが，独占禁止法が一般消費者の利益の確保を目的とするのに対して，経済産業省の管轄である不正競争防止法は事業者間の公正な競争の確保を目的としている点で，この2つの法律は異なっています。

◆ 不正競争防止法

「不正競争防止法」[8]の対象になる不正競争について，少し例を挙げてみましょう。たとえば，他の商品とまったく同じか類似の商品表示をする場合がこれに当たり，「周知表示混同惹起行為」といいます。かなり古い事例ですが，大阪の有名カニ料理屋さんの名物の「動くかに看板」と類似した「かに看板」を使用した同業者に対して，看板の使用禁止と損害賠償が認められました（1987年）。

もうひとつ例を挙げましょう。武田薬品工業の有名なビタミン製剤にアリナミンという商品があります。そのなかに「アリナミンA25」という商品があったのですが，ある会社がこれに表示がよく似た類似品「アリナビックA25」を販売した事件がこれに当たります（1999年）。この行為を「著名表示冒用行為」といいます。

---

8 不正競争防止法：競争の秩序を確保するために，不正な競争を防止して，事業者の間の公正な競争を確保するための法律。

第12章

ビジネスの成長と成功

12.1　成長の指標

❖ さまざまな数値指標

◆ 数値で示す

　ビジネスが成功するためには，企業が長期的に成長し続けることが前提となります。しかし，長期的という言葉はあいまいですので，企業活動を評価するには一定の期間という尺度で測ってみる必要があります。たとえば，四半期（1 年を 4 等分した期間），半期（1 年の半分，上期と下期），通期（1年）という期間がよく使用されます。どの企業もビジネスの計画を立てるときには必ず，一定期間の数値目標を設定しています。いろいろな「数値（numerical value）」[1] を使って企業の業績を測るわけです。

　著者の手元にある新聞の経済欄，企業欄，投資・財務欄から，少し前のものも含め，記事を拾ってみましょう（以下，見出しは著者が要約したもの）。

- 「プリウス　世界販売 200 万台突破　トヨタ　環境重視の流れ乗る」
- 「セブン＆アイ，経常益 1％増どまり　コンビニ頼み鮮明に」
- 「ファミマ，今期最高益に　純利益 15％増　海外事業も寄与」

　　　　　　　　　　　　　　　　　　　（『日本経済新聞』2010 年 10 月 8 日付）

- 「アパレル 2 強，出店競う　H&M と ZARA，世界全域で」
- 「『じゃがりこ』1 割増産　カルビー，北海道で拠点稼働 商品数増やし客層拡大狙う」
- 「社員切って役員は…◇1 株 88 円　なぜ　シャープ再出発　厳しい声総会 4 時間半」

　　　　　　　　　　　（『日本経済新聞』2016 年 4 月 4 日，6 月 24 日，8 月 26 日付）

1　数値：一定の量を何らかの単位で測定，計算して大きさを表した数。

・「ユニ・チャーム，今期最高益予想も… 中国現地勢と競争激化 紙お
むつ，市場に減速感」 (『日本経済新聞』2019 年 2 月 15 日付)

これらの記事は企業活動の結果を数値化していますので，成果が上がって
いるのかそうでないのかが一目瞭然です。街中でよく見かけるハイブリッド
車を代表するプリウスがよく売れているということは，トヨタの売上高が増
加しているということですから，トヨタが成長していることのあかしです。
環境重視の流れに乗って，トヨタのハイブリッド車のグローバル累計販売台
数が 1,000 万台を突破し，代表格のプリウスとアクアを合わせた累計販売台
数がその 6 割を占めています (2017 年 1 月末時点，トヨタ調べ)。

「アパレル 2 強」との表現は，H&M (スウェーデン) と ZARA (スペイ
ン) が他の会社よりも巨大で成長が著しいことを，はっきりと示していま
す。また近年，ファーストリテイリング (ユニクロ) の成長が著しく，売上
高が H&M に迫りつつあることは，第 7 章 (7.2) ですでにみました。

「『じゃがりこ』1 割増産」の記事をよく読むと，カルビーが急成長してい
ることがわかります。カルビーグループの決算説明会資料 (2020 年 3 月期)
によれば，1995 年に発売されたロングセラー
商品「じゃがりこ」は，国内で約 370 億円を売
り上げ，カルビーの国内売上高全体の 17% を
占める主力商品です (2015 年，15%)。これを
1 割も増産するということは，そうとう
強気の意思決定だと考えられます。もちろん，
最大の主力商品は，テレビのコマーシャルでも
大変有名なロングセラー商品のポテトチップス
(1975 年発売) で，売上高全体の 3 分の 1 を占
めていました (現在，41%)。

また，シャープの記事には，感慨深いものが
あります。液晶事業で一時は世界をリードした
日本の大手電機会社が，業績不振のため台湾の

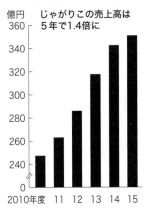

図表 12-1
大人気，「じゃがりこ」

億円　じゃがりこの売上高は
360　5 年で1.4倍に

340

320

300

280

260

240

0
2010年度　11　12　13　14　15

(出典)『日本経済新聞』2016
年 8 月 26 日付。

<ruby>鴻海<rt>ホンハイ</rt></ruby>精密工業に買収されることになったのですから（2016年4月）。シャープの株価88円は，3年で4分の1にまで下がったことを示しています。大量の社員を削減する方針などに，株主総会で厳しい声が続出したとのことです。株主総会に4時間半かかったということを強調すること自体が，外資系傘下で再出発するシャープの再建を株主が不安視していることのあかしです。再び世界をリードする会社に復活してほしいものです。

◆ 利益をみる

　売上高，店舗拡大，市場シェア，株式価格（株価）などは成長や成功を測る重要指標です。しかし，もっともわかりやすい指標は，「利益（profit）」[2]でしょう。もうかっているか損をしているかを，はっきりと数値化しているからです。

　セブン＆アイ・ホールディングスの記事は，「経常益1％増どまり」，との表現からわかるように，業績についての消極的な評価の記事になっています。2010年3〜8月期の連結決算において，セブン＆アイ・ホールディングス全体としては利益をあげたけれども，その利益は好調だったコンビニエンス・ストアのセブン‐イレブン・ジャパン頼みであって，総合スーパーのイトーヨーカ堂が振るわなかったからです。

　ファミリーマートの記事は，当時の同社業績の好調さをはっきり示しています。「今期最高益に」とは，2011年2月期の連結純利益予想が，前年の同じ時期の15％増となり，過去最高の純利益（173億円）を得る見通しであり，経常利益も前年と比べて8％増（387億円）となる見通しであったからです。

　ところで，長期にわたってグループを率いてきた鈴木敏文会長の退任（2016年5月）で話題となったセブン＆アイ・ホールディングスですが，コンビニエンス・ストア大手3社のなかで，主力事業であるセブン‐イレブン・ジャパンの収益力は抜きんでています。これをローソンとファミリー

2　利益：もうけのこと，利得。一般に，売上から費用を引いた後のもうけ。

マートが追う展開ですが，まだまだ力の差が大きいのが実状です。大手3社の2016年2月期決算あるいは予想では，国内「営業総収入」[3]を概数で示すと，順に8,000億円，6,000億円，4,000億円，営業利益は2,400億円，700億円，500億円となっていました。各社の2018年2月期決算資料では，営業総収入については，セブン−イレブン8,500億円，ローソン4,400億円，ファミリーマート4,800億円，営業利益はそれぞれ，2,400億円，540億円，370億円となっています。営業総収入ではファミリーマートがローソンを追い越して第2位になりましたが，セブン−イレブンの優位は変わっていません。

ユニ・チャームの事例は，2019年12月期に売上高が6％増の7,300億円，営業利益が5％増の1,000億円になり，純利益が最高となるとの見通しを示しています。タイを中心とする東南アジア事業が好調で同社の成長をけん引しているからです。他方で，市場の伸びが鈍化するなかで，中国での子供用紙おむつ事業で現地企業との競争が激化しており，日本ブランドでの差別化を今のまま持続できるかどうか不透明だとの懸念が示されています。もうひとつ，例を挙げましょう。

・「ファストリ，今期減益に　4期ぶり，国内苦戦　大型ヒット商品続かず　前期は9期ぶり最高益　海外の成長カギに　柳井社長『14〜15年に日本超す』」　　　　　　　　（『日本経済新聞』2010年10月9日付）

前期（2010年8月期）の連結決算は，2009年8月期決算に比べて24％増加し，9期（年）ぶりに過去最高を更新したけれど，2011年8月期では4期ぶりに減益となる，との見通しを示しているのです。その一番の理由は，国内で前年の「ヒートテック」のような大型ヒット商品がでるかどうかがよくわからないからです。そこで，柳井正会長兼社長は，記者会見において海外での確実な成長がユニクロの成長，成功のカギになるという考えを強調した

3　営業総収入：主に，フランチャイズ加盟店から得るロイヤルティと直営店の売上高などの合計金額。

わけです。

・「ユニクロ値下げも客離れ　3 月国内既存店客数 8.6％減　値上げ後遺症
　深く　企業の価格戦略転機に」
・「ユニクロ，客数 3.6％減　6 月の国内既存店　売上高は 4.5％増」

（『日本経済新聞』2016 年 4 月 5 日，7 月 5 日付）

　これは利益を示す記事ではないのですが，グローバル企業として急成長
している同社の国内事業での現状を示す興味深い記事だと思います。2014
年と 2015 年の連続値上げで薄れた低価格イメージの回復のために値下げし
たけれども，国内既存店の客足が戻らなかったということです。ZARA や
H&M はデザインなどで価値を高めた商品を提供する会社ですが，これらの
会社と差異化するためにユニクロがとる戦略の難しさを示しているように思
います。やはりユニクロの売りは，低価格でよい品質という土俵に立つこと
が欠かせないということでしょうか。同社の言葉でいえば，「究極の普段着
（LifeWear）」というコンセプトです。
　以上のように，新聞，とくに『日本経済新聞』には，企業の業績を示す情
報が盛りだくさんですので，数値をみながら会社がどのような経営戦略をと
ろうとしているのかを考えていると，新聞を読むのが楽しくなるでしょう。

◆ 収益性

　企業の成長，成功を示す指標はたくさんありますが，まず，「収益性
（profitability）」[4] について，みてみましょう。利益は経営成績を表す重要な
指標ですが，その額の多さだけをみていてはだめです。いくらたくさんの売
上高（営業収益）をあげても，利益がそれにともなっていないと，労多くし
て功少なし，骨折り損のくたびれもうけ，ということになりかねません。売
上高に見合った利益額が必要なのです。すなわち，利益額の多少の問題だけ

4　収益性（力）：企業が利益を上げる能力。代表的な指標は，売上利益率と資本利益率。

でなく，利益率（profit margin）が大切なのです。売上高と利益の関係が，会社の収益性（力）をみる上で重要です。

　収益力を測るには，売上高に対する利益額の関係だけでは十分ではありません。企業が経営を行う上で使用している資本額に対して利益がどうなっているか，つまり使用資本利益率（return on capital employed：ROCE）も，収益力の重要な判断材料となります。競合企業と比べて多くの資本を使用しながら薄利では，いつか競争に負けるでしょう。したがって，売上高と利益の関係（売上利益率）と同じように，資本額と利益との関係（資本利益率）が，企業の収益力をみる上で大切になります。

　さて，利益の種類と同じように，資本の種類もいくつかありますが，企業の経営活動に利用している資本という意味では，総資本をとりあげるのが適当でしょう。総資本は，資本金などの「自己資本」と呼ばれるものと，借入金や社債などの「他人資本」と呼ばれる負債の合計です。利益については，「経常利益（ordinary income）」[5]が企業の力を示す上での一般的な指標だと考えてもいいでしょう。

　総資本と総資産は等しいので，総資本は，企業の大きさを示すものと考えればよいのではないでしょうか。普通に考えれば，大企業のほうが中小企業よりも総資本は大きいはずですから，当然に利益額も大きいでしょう。しかし，大きさに見合った利益を得ていなければ，その企業の収益力は弱いということです。

◆ 株式時価総額

　企業の盛衰を示す重要な指標のひとつである「株式時価総額（market capitalization）」[6]についてみておきましょう。これは，企業価値に対する市場による評価を示すものです。現在の経営業績に対する評価であるととも

5　経常利益：営業活動に加え，金融活動など通常の事業活動から得る利益。営業利益＋営業外損益。営業利益については，第11章の脚注1を参照のこと。
6　株式時価総額：企業の株価に発行済株式数をかけた金額のことで，企業価値を測る指標のひとつ。

に，また企業の将来性に対する期待を表しています。短期間の変化からは，各企業の経営力の状況を読み取ることができます。さらに長期的な推移に注目すれば，企業の経営力だけではなく，おおまかな産業構造の変化の趨勢を理解することができます（図表12-2）。

「米経済，際立つ新陳代謝」，「IT・事業転換がけん引」の見出しのもとに，「ダウ工業株」[7]について次のような記事が掲載されています。

　米ダウ工業株30種平均が25日，史上初めて2万ドル台に乗せた。相場上昇の原動力はダイナミックな変革や新陳代謝を続ける米国企業の成長力だ。……1999年に初めて1万ドルに乗せてから18年。構成銘柄は半分近くが入れ替わった。残っているのはゼネラル・エレクトリック（GE）など数少ない。そのGEも事業構造を変えてきた。稼ぎ頭だった金融事業が「規制に縛られて伸びない」と判断するや売却して成長余力を手にした。スマートフォン「iPhone」のヒットで急成長したアップルの時価総額は99年比で110倍に拡大した（『日本経済新聞』2017年1月27日付）。

図表12-2　米国ダウ工業株上位企業の時価総額推移

99年3月			2017年1月現在	
ゼネラル・エレクトリック（GE）	3,664	1	アップル	6,408
ウォルマート・ストアーズ	2,113	2	マイクロソフト	4,951
メルク	1,917	3	エクソンモービル	3,538
エクソンモービル	1,774	4	JPモルガン・チェース	3,078
IBM	1,641	5	J&J	3,068
コカ・コーラ	1,600	6	GE	2,686
シティグループ	1,456	7	P&G	2,332
プロクター・アンド・ギャンブル（P&G）	1,329	8	シェブロン	2,213
ジョンソン・エンド・ジョンソン（J&J）	1,262	9	ウォルマート・ストアーズ	2,055
AT&T	950	10	ベライゾン・コミュニケーションズ	2,028

（注）表の数字は時価総額，億ドル。99年は継続データが取れる企業のみ。QUICK・ファクトセット調べ。
（出典）同上。

7　ダウ工業株：アメリカ合衆国の代表的な株価指数を構成する，代表的な工業株30銘柄。エクソンモービルやプロクター・アンド・ギャンブル（P&G）のような老舗から，IT関連では，IBM，マイクロソフト，インテル，アップルなどが含まれる。

　近年の米国の時価総額上位企業には，比較的創業の新しい企業がずらりと並んでいます（「時価総額でみる外国企業ランキング（2018年6月末時点時価総額ランキング）」『楽天証券』）。アップル（第1位，9,100億ドル），アマゾン・ドット・コム（第2位，8,200億ドル），アルファベット（グーグル：第3位，7,800億ドル），マイクロソフト（第4位，7,600億ドル），フェイスブック（第5位，5,600億ドル），アリババ・グループ・ホールディング（第6位，4,800億ドル）といった具合です。売上高世界No.1の総合小売企業のウォルマートは2,500億ドル（第15位）で上位にとどまっていますが，20年近くの間，時価総額は大きく伸びてはいません。また，日本企業のトップはトヨタ自動車で，2,100億ドルです。

　また，次のような注目すべき記事が目につきました。

・「製造業　GAFA[8]に負けぬ」「シーメンス，IoTで脱重電」「現場のデータ　付加価値高く」　　　　　　　　　　　（『日本経済新聞』2019年2月20日付）

　独シーメンス社が，米GEに代わって重電メーカーの盟主に躍り出た，という内容です。同社は15年間（2003年から2018年）で事業の5割を入れ替えるなどGEに先行し，主要事業の時価総額を大幅に増やしています。来日したシーメンスのケーザー（Joe Kaeser）CEO兼社長は，「人工知能（AI）やあらゆるモノがネットにつながるIoTの力を活用すれば，製造業は成長を遂げる」，「『GAFA』が産業分野に事業領域を広げてきたが，彼らは戦い方をわかっていないかもしれない。消費者から無料で収集するデータと，産業の現場から集めるデータの性質は異なる。ここが重要な点だ」，と述べています。

◆ 市場占有率

「市場占有率」[9]，すなわちマーケット・シェア（market share）は，ある

8　GAFA：インターネット時代の勝ち組とされる，Google，Apple，Facebook，Amazonの頭文字をつなげた言葉。

企業の製品の売上高が市場でどれくらいの割合を占めているのかということを示すものです。「上位3社シェア拡大　デジカメなど縮小20市場」（『日本経済新聞』2016年7月24日付）という記事によれば，商品開発力や販売力に勝る上位企業の存在感が高まり，たとえば，市場が縮小するなかで，インクジェットプリンター上位3社（キャノン，セイコーエプソン，ブラザー工業）のシェアは96.7％あり，前年よりも1.7％増加しています。同紙は，「IDC Japan，2017年国内インクジェットプリンター/MFP市場実績を発表」とのプレスリリースで，このシェアがさらに高まっていることを示しています（2018年4月26日付）。

　ある製造業企業について考えてみましょう。この企業の市場占有率が首位だということは，その市場で一番たくさんの製品を生産し販売していることになります。この企業の製品1個あたりの製造原価は，他の企業よりも低いはずです。この企業と競争している他の企業も，同様の設備と機械，労働を利用しているはずなので，たくさん生産すればするほど製品1個あたりの製造原価は安くなります（規模の経済）。他の企業よりも製造原価が安いので，販売価格を引き下げることも可能ですし，そうしたとしても競合企業よりも多くの利益を得ることが可能になります。このように，市場占有率の高さは成功の証のひとつなのです。

❖ 数値化しにくい指標

◆ 利害関係者（ステークホルダー）の満足
　数値化しにくい成功の指標に，利害関係者の満足を挙げてもよいでしょう。利害関係者は，いまやステークホルダーと原語でいった方がわかりやすいかもわかりません。ステークホルダーとは，企業と利害関係をもっている人や組織などのことですので，株式を所有している株主，労働を提供して給料を得ている従業員などが，すぐ思い浮かぶでしょう（第5章（5.2）を参照）。

9　市場占有率：企業の製品の売上高が，その製品市場で占める割合。

　株主の期待に応えることは，企業にとっての成功の証です。株主は，株式の配当が多くなることや株式の価格が高くなることを期待しています。配当は利益の分配ですから，利益があがっていなければ配当を多くすることはできません。また，株式価格が高いということは，企業の業績が良いため市場での評価が高いということを意味します。企業の業績が良くないと，株主の期待には応えられないのです。

　従業員の満足についてはどうでしょうか。従業員は，職の安定，いわゆるリストラ（restructuring）の心配がないことを何よりも望んでいます。給料が少々さがっても，職を失うよりはずっとましと考えるからです。昇格，昇進，給料の増加も期待しているでしょう。このような望みをかなえることができるのは，企業の業績が良いことが前提となります。業績の良い企業は一般にリストラをしませんし，このような企業では給料も上がるのが普通だと思います。もちろん，業績が良いのに従業員の給料を低く抑えたり，長時間労働を強制したりする企業の例もありますので，従業員の満足を企業の利益だけで測ることはできません。

　材料を提供してくれる納入業者の満足も企業成功の指標です。自分の利益ばかり考え，納入業者に値引きやコスト削減要求などの無理難題を押しつけるような企業はどうでしょうか。このような無理はいつまでも続かないとは思いますが，泣き寝入り，長い物には巻かれよという言葉があるように，現実には大企業が小さい企業の犠牲の上に利益をあげるということもあるのです。「下請いじめ」[10] という言葉があるように，そのことをはっきり示しています。納入業者をいじめる企業がいくら利益をあげていたとしても，このような企業を成功企業とはいわないでしょう。第11章（11.2）での説明を思いだしてください。

　消費者の立場に立って経営を行っているかどうか，政府などのいろいろな規制を守っているかどうか，企業が地域社会に貢献しているかどうか，これらの基準もまた，企業の成功を測る重要な尺度だと考えるべきでしょう。

10　下請いじめ：親事業者が，下請代金の支払いを遅らす，減額する，買いたたくこと。このような行為を防ぐために，「下請代金支払い遅延等防止法」が制定されている。

◆ ブランドの認知度

「ブランド（brand）」[11] とは，商標（商品のしるし）や有名な商品の名前のことです。マーケティング（marketing）用語では，ある売り手の製品やサービスをはっきりとみわけ（識別），競争相手のものと区別する（差別化）ための名前や記号などとして使用されています。たとえば，Honda やToyota は，アメリカでは大変有名なブランドで，ホンダとトヨタの車がかなりたくさん走っています。レクサス・ブランドの日本展開（2005 年）よりも前のことですが，あるアメリカ映画を日本でみていたとき，「高級車」という日本語字幕が出ました。しかし，映画の俳優は，「レクサス（Lexus）」といっていました。当時の日本ではレクサスという字幕をつけたのでは意味

【コラム】世界ブランドランキング 2018（2016，2010）：GAFA の時代へ

第1位　（1 ← 17）　　Apple（アップル）
第2位　（2 ← 4）　　 Google（グーグル）
第3位　（8 ← 36）　　Amazon（アマゾン）
第4位　（4 ← 3）　　 Microsoft（マイクロソフト）
第5位　（3 ← 1）　　 Coca-Cola（コカ・コーラ）
第6位　（7 ← 19）　　Samsung（サムソン）
第7位　（5 ← 11）　　Toyota（トヨタ）
第8位　（9 ← 12）　　Mercedes-Benz（メルセデス・ベンツ）
第9位　（15 ← －）　 Facebook（フェイスブック）
第10位　（12 ← 6）　 McDonald's（マクドナルド）

※ IBM（アイ・ビー・エム）第 12 位（6 ← 2），GE（ゼネラル・エレクトリック）第 16 位（10 ← 5）。100 位以内の日本企業は，ホンダ 20（21 ← 20），キャノン 55（42 ← 33），ソニー 59（58 ← 34），ニンテンドー 99（－ ← 38），パナソニック 76（68 ← 73）。

（注）カッコ内数字は，右から 2010 年，2016 年の順位。

（出典）Interbrand, Best Global Brands 2010, 2016, 2018 より作成。

11　ブランド：商標や有名な商品の名前。ある売り手の製品やサービスをはっきりとみわけ，競争相手のものと区別するための名前や記号。

が十分に伝わらないと考えたからでしょう。しかし，アメリカではすでにレクサスは，高級車としてのブランド力があったわけです。

　大阪市の日本橋に，でんでんタウンというところがあります。かつては東京の秋葉原のようなところで，家電量販店でにぎわっていましたが，今は当時の面影が薄れています。1980年代初め頃，この一角にある家電卸会社で電子レンジや冷蔵庫などを買った時のことです。親しい知人が紹介してくれたので，卸売価格で売ってくれることになりました。おすすめの商品をカタログで選びましたが，びっくりしたのは，ブランド力のある会社の製品とそうでない会社の製品の卸売価格が大きくちがったことです。有力メーカーの製品でも希望小売価格の3分の2ほどの値段にしてくれました。有力でも少しブランド力が弱いメーカーの電子レンジを半値で売ってくれたのには，本当にびっくりしました。これらは新製品の話ですから，驚きです。ブランド力のあるメーカーの製品は，あまり値引きしなくても消費者が買ってくれるので，卸値が高いのは当然です。値引きが少ない分，会社の利益は増加します。

　以上のように，ブランドがよく知られて認知度が高いことは競争上とても有利ですし，その企業の成功のあかしのひとつだと考えられます。

12.2　ビジネスの成長と成功

❖ 企業の盛衰

◆ 会社の年齢

　かつて，『会社の年齢』という書物が出版されたことがありました。同書は，次のように述べています。

　　会社には創業以来の社歴とは異なる『年齢』がある。社歴が短ければ『年齢』が低いというわけではなく，また長ければ年老いているというわけでは決してない（日経産業新聞編『会社の年齢』日本経済新聞社，1993 年，2 頁）。

　この主張のエッセンスは，会社の歴史（社歴）と会社の年齢は異なるという点にあります。ここでいう年齢は，会社の成長する力，活力のことを意味しています。人間でも同じことでしょう。歳を重ねるのは皆同じですが，心身ともに健康管理に努めるかどうかで，健康年齢は大きく異なります。

　第 6 章（6.2）でみたように，長期的にみれば産業構造の転換は必然であり，避けることはできません。同書は，次のように述べています。日本の高度成長を支えてきたのは，鉄鋼，化学，造船，紙パルプ，セメントなどの産業でした。これらの産業の主要企業の年齢は，すでに 1990 年代初めには，会社でいえば定年年齢に近づいています。しかし，同じ産業のなかでも年齢に大きな幅があり，そのことは，たゆまぬ経営努力によって，産業の盛衰に押し流されずに企業の再生を実現できることを示しているのです。

　つまり，会社の年齢は，産業の年齢と経営活力によって決まるということです。

◆ 企業の盛衰

　長らく日本の総合スーパーのリーダーだったダイエーが経営不振のため，2004年に産業再生法（通称）の適用を受けました。ダイエーの経営を支援する企業がどこになるのだろうか，と著者も心配していました。ダイエーは1972年，当時百貨店の雄だった三越を抜き，日本最大の売上高を誇る小売企業でした。とくに西日本では，ダイエーは総合スーパーの代名詞となる企業でした。

　支援企業にウォルマートなどの外国企業の名前もあがっていましたが，結局は総合商社の丸紅が中心となってダイエーを支援することになりました。その後，2015年1月にダイエーはイオンの完全子会社となり，12月に上場も廃止されました。かつては激しく競争していたダイエーとイオン（ブランド名は，ジャスコ）でしたが，ダイエーの店舗でライバルだったイオンの「プライベート・ブランド（private brand）」[12]，トップバリュ（TOPVALU）

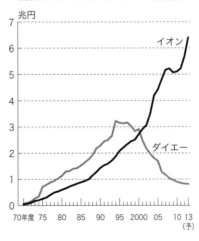

図表 12-3　イオンとダイエーの売上高

（注）74年度まで単独決算。
（出典）『日本経済新聞』2014年4月6日。

12　プライベート・ブランド：大手小売企業が自ら企画生産して売り出す独自の製品ブランド。
　⇔ナショナル・ブランド。

商品が売られるようになりました。

　さらに，ダイエーのロゴマークもイオンのロゴマークに代わりました。た
とえば，2016 年 3 月下旬，著者の職場の最寄り駅にあるダイエーも，ふと
気がつくとイオンのロゴマークに代わっていました。また，自宅近くにある
ダイエーは，2018 年 10 月下旬に「イオンフードスタイル」としてリニュー
アル・オープンし営業することになりました。先に取り上げた『会社の年
齢』は，会社の寿命が約 30 年と述べていましたが，ダイエーの場合，まさ
にこの指摘のとおりになってしまいました（図表 12-3）。会社の年齢は，産
業の年齢と経営活力によって決まると述べましたが，ライバル企業が大きく
成長していることから考えれば，ダイエー衰退の原因は，経営活力にあった
ように思われます。

　日本を代表する総合小売企業グループは，持株会社のセブン＆アイ・ホー
ルディングス（代表的な会社は，イトーヨーカ堂とセブン‐イレブン・ジャ
パン）とイオンですが，2000 年代に入って，外国の大手流通企業が続々と
進出してきました。2000 年には，フランスに本社を置く当時世界第 2 位の
総合小売企業のカルフールが日本進出して話題となりましたが，わずか 5 年
後の 2005 年にイオンに店舗を売却して日本から撤退しました。2010 年時点
では，世界小売業ランキング（2008 年度）のトップ 10 のうち 4 社が日本で
店舗展開していました。第 1 位のウォル・マート・ストアーズ（アメリカ，
372 店），第 3 位のメトロ（ドイツ，6 店），第 4 位のテスコ（イギリス，149
店），第 8 位のコストコホールセール（アメリカ，9 店）です（『日経ビジネ
ス』2010 年 8 月 9・16 日号，29 頁）。

　ウォルマートは，日本では西友として営業していますが，経営業績が必ず
しも良いとはいえず，株式の大半を売却する予定です。テスコは 2011 年 8
月，撤退表明しました。メトロは卸売業として首都圏に 10 店舗展開してい
ますが，全体としてみれば，人気が高く 27 店舗にまで成長しているコスト
コを除けば，現状では外資の大手流通企業が日本の小売業に大きな影響を与
えるには至っていないと思われます（2021 年 1 月現在）。

　総合小売業（GMS）業態が苦戦しているといわれています。どのような

業態が今後発展するのか，業界再編がどのように進むのか，予測するのは容易ではありません。しかし，先に述べたように，産業あるいは業態の将来をしっかりと見据え，経営努力を怠らなければ，必ず企業の成長につながると思われます。

❖ ビジネスの成功とは

◆ 成功することの意義

ビジネス活動が活発に行われ，その活動が順調であることが，経済発展と豊かな生活を維持するためには欠かせません。しかし，今までになかった新しいビジネスを起こしたり，現在のビジネスを維持し発展させることは，そう簡単なことではありません。なぜなら，私たちの住む世界は市場経済だからです。市場経済は厳しい競争の世界なのです。

比較的最近の事例ですと，2010 年 9 月 28 日，消費者金融大手の武富士（東証第 1 部上場企業）が，「会社更生法」[13] の適用を申請しました。またそれ以前，私たちがよく利用している日本航空（通称，JAL）も，2010 年 1 月 19 日に会社更生法の適用を申請しています。どちらの会社も大会社ですが，経営が順調に進まなかった結果です。

JAL の場合，戦後最大規模の大型倒産であったことや，航空運輸業が国にとって重要な産業であったからでしょう。会社は消滅することなく，京セラ名誉会長ですぐれた経営者である稲盛和夫氏を会長に迎えて，経営の再建をめざす努力が進められた結果，みごとに再建を果たしています。JAL は全日本空輸（通称，ANA）とならんで私たちの空の旅を支えてきた会社ですから，そのような会社がなくなれば私たちの生活だけではなく，日本全体に大きな影響を与えるのは間違いありません。ビジネス活動が順調に行われることがどんなに大切か，この例からもわかると思います。

13　会社更生法：窮地にある株式会社について，利害関係者の利害を調整することにより，事業を維持し生まれ変わらせることを目的とする法律。

◆ ビジネスの成功とは

　さて，成功とはどういうことでしょうか。ここまでは成功とは何かをはっきりとは定義せず，ビジネス活動が活発に行われること，そしてその活動が順調であること，つまり企業が成長していることが成功であり，社会を支える土台だと述べましたが，もう少し深く考えてみたいと思います。『広辞苑第六版』では，次のように説明しています。

① 　目的を達成すること。事業などをなしとげること。『大陸横断に―する』『―をおさめる』⇔失敗。
② 　転じて，地位や富を得ること。『―者』
③ 　事業を成就した功績。

　一般に理解されている「成功（success）」[14] の意味が，この引用文には書かれています。ビジネスの成功についても，「事業などをなしとげること」だと説明されています。つまり，事業（ビジネス）の目的を達成すること，これが，ビジネスの成功の意味するところだということです。自らが掲げた目的を達成することが成功である，と述べています。そして，ビジネスの成功の結果，地位や富が手に入ります。

　しかし，ある人や企業が自分の目的を達成して地位や富を手にしたということを，素直にビジネスの成功とみなしてもいいのでしょうか。急成長した企業は，その成長の結果をもって成功企業と呼べるでしょうか。たしかに，その人や企業にとっては自分の目的を達成できたわけですから，成功といえるかもしれません。しかし，もし人をだまして富を手に入れたのだとしたらどうでしょうか。社会をあざむいて自分の目的を達成した場合や，目的自体が社会性を欠いていた場合にも，成功といっていいのでしょうか。

　このような反社会的なビジネス活動を行う人や企業を，社会は決して成功者（企業）とは呼ばないと思いますが，みなさんはどう考えますか。ビジネ

14　成功：目的を達成すること。事業などを成し遂げ，地位や富を得ること。

スは個人や企業が自らの目的を達成するために行うものですが，成功という言葉には，そのビジネスが何らかの形で社会に役立つものであるということが前提とされているからです。目的の達成が成功の証ですが，その目的の内容と目的達成の方法が問われなければならない重要なことだと考えるからです。急成長した（成長目標の達成），たくさんの利益をあげた（利益目標の達成），大会社になった（拡大目標の達成）ということが本当にビジネスの成功なのかどうか，慎重に考えてみる必要があるのではないでしょうか。

　以上のように，成功を定義することは簡単ではありません。何をもって成功というかは難しいのですが，基本的には，「ビジネスの成功」[15] とは，企

【コラム】スターバックス，サード・プレイスのビジョン

　2018 年に名誉会長になり経営の一線を退いたハワード・シュルツ，スターバックス前会長兼 CEO は，卓越した経営業績を残した経営者です。彼は，イタリアのバール（bar）のように，「スターバックスの店舗が，利用客にとって家庭，職場・学校に続く『第3の場』としてくつろげる場所」として，「顧客とコーヒーとパートナー（従業員）の3つに焦点を置き，顧客がスターバックスと結びついているという感覚を大切にする」ことを，経営のビジョンとしていました。スターバックスが，カウンターに立ちコミュニティの人たちと談笑しながらコーヒー（エスプレッソ）を飲むイタリアのバールのようになっているとは思えませんが，彼のビジョンは，スターバックスの将来像をはっきりとまた的確に描いているように思います。

　彼はまた，会社で働く人びと（パートナー）に配慮した経営哲学の持ち主でもあります。あたりまえのことですが，行うは難しです。「会社の主要な利害関係者はパートナーと顧客と株主です。長期的に成長を続けたいと思えば，もっとも重視すべきはパートナーと顧客です。店舗で顧客の体験を作り出し，顧客がスターバックスと絆を持っているのだという感覚を生み出すのはスタッフだからです。スターバックスを他のライバルと差別化するのは彼らなのです。私はいつも『スタッフの期待を超えられなければ，顧客の期待を超えることはできない』と言っています。今後も，パートナーの声に耳を傾け，彼らの幸福を実現する重要な投資を続けます」（「フロントランナー　世界的コーヒー店の仕掛け人」『朝日新聞　be on Saturday』2011 年 8 月 20 日付）。

15　ビジネスの成功：企業が長期にわたって成長し続けて，社会に貢献すること。

業が長期的にわたって成長し続けて社会に貢献することであるといってよいでしょう。第11章（11.1）で述べたように，営業の自由の精神を踏まえて経営活動を長期にわたり順調に行うこと，これが成功のあかしではないでしょうか。

第 13 章

ビジネスとイノベーション

13.1　ビジネスの目的と顧客の創造

❖ ビジネスの目的とは

◆ ビジネスとは何か

　ピーター・ドラッカー（Peter F. Drucker）は，著書 *The Practice of Management* のなかに 1 章を設け，「ビジネスとは何か」と問うています。ここでいうビジネスとは，本書ですでに説明したように，ビジネス活動およびこの活動を行う企業のことです。彼は次のように述べています。

　　経済的な力はマネジメントの活動に制約を課す。同時に機会を与える。しかし，経済的な力はそれ自体では，ビジネスが何であり，何をするのかを決定しない（P・F・ドラッカー著，上田惇生訳『[新訳] 現代の経営（上）』ダイヤモンド社，1996 年，44 頁。ただし，訳文は原文に基づき変更）。

　　ビジネスとは何かと問われると，たいていの事業家は「利益を目的とする組織」と答える。経済学者たちもほぼこれと同じように答える。しかしこの答えは，大きなまちがいであるばかりでなく，まったく見当はずれである。／同様に「最大利潤の追求」をもってビジネスの目的と考え，この観点に立ってビジネス活動を説明しようとする経済理論も，明らかに妥当性を欠いている（同上書，45 頁）。

　ドラッカーによれば，経済的な力はビジネス活動を制約するけれど，利益は目的ではなく，条件だということです。なぜならば，ビジネスを創造し経営するのは人間なので，人が行うビジネスにおける行動や意思決定の理由，その根拠は，利益から説明することができないからです。

　A さんや B さんが利益をできるだけ大きくしようとしているといったと

しても，それぞれの人が具体的にどのようなビジネスを行っているのかを
まったく説明できないというのが，ドラッカーの主張です。

◆ ビジネスの目的

　利益がビジネスの目的ではなく条件であり，活動がうまくいったかどうか
の尺度であるとするならば，ビジネスの目的とは，いったい何でしょうか。
ドラッカーの格調高い名文の原文を，引用しておきましょう。

"If we want to know what a business is we have to start with its
purpose. And its purpose must lie outside of the business itself. In fact,
it must lie in society since a business enterprise is an organ of society.
There is only one valid definition of business purpose: *to create a
customer*." (Drucker, P. F. (1954), *The Practice of Management*, p. 37)

　ビジネスと何か，という質問に答えるためには，われわれはまず，ビジ
ネスの目的を考察する必要がある。ビジネスが社会の一機関である以上，
ビジネスの目的はビジネスそれ自身にあるのではなく，それを機関とする
社会のなかになければならない。かくして，ビジネスの目的についての正
しい定義はただ一つしかない。それは顧客の創造である（同上書，48 頁）。

　「顧客を創造すること」，これがビジネスの目的であるというのがドラッ
カーの見解です。なぜそういえるのか，そこにはビジネスについてのドラッ
カーの深い洞察があるのです。彼は，ビジネスを 3 つの側面でとらえてい
ます。第 1 に，市場や顧客のために経済的成果を生み出す機関として，第 2
に，人間的，社会的組織として，第 3 に，社会やコミュニティに根ざすがゆ
えに，公益を考えるべき社会的機関として。

　ビジネスは，経済的成果を生み出し，人と社会を支えるという重要な使命
を担う社会的機関（an organ of society）なのです。それゆえ，単なる金も
うけを目的とした存在ではないのです。

❖ 顧客の創造

◆ 顧客の意義

　ドラッカーによれば，企業自身がつくりだしていると考える価値ではなく，モノやサービスに対して顧客が喜んで支払ってくれることが重要だということです。もし顧客が受け入れてくれなければ，企業がもつ資源を富に変えることができず，生産したモノやサービスを本当の意味で商品に変えることもできません。自分で消費するものを含め，モノやサービスは，すべて製品（生産した品物）です。しかし，市場経済において，ほとんどの製品は商品（販売のための品物）となります。商品は売る（顧客が支払う）ことができなければ，意味がありません。

　ビジネスの成功にとって最も重要なことは，企業の価値判断ではなく顧客の価値判断なのです。つまり，顧客が価値があると判断すること，それが決定的に重要なことなのです。ドラッカー自身の言葉を引用しておきましょう。

　　顧客はビジネスの土台であり，ビジネスの存在を支えるものである。顧客だけが雇用を創出する。そして，消費者の要求を満たすために，社会は企業に対して富を生む資源を託しているのである（同上訳書，49頁）。

◆ マーケティングとイノベーション

　ドラッカーは，顧客を創造するために企業が行うべき2つの基本的な機能（企業家職能）として，マーケティングとイノベーションを挙げています。彼によれば，モノやサービスの生産がビジネスの決定的機能だとする考えは正しくありません。他方，マーケティングは単なる販売機能よりもはるかに大きく，ビジネス全体に関わる活動であり，ビジネスのすべての領域で人びとが関心を持ち責任を負わなければならないのです。マーケティングは顧客の観点からビジネスをとらえることであり，いわば市場が要求するものをつくるためのセンサーを，ビジネスのすべての活動領域に埋め込むことである

といってもよいでしょう。ドラッカーは，次のように述べています。

　ゼネラル・エレクトリック（GE）社が 10 年以上前からとってきた方針
は，マーケティングの本質をもっともよく表している。それは，市場と顧
客に対して訴える力を，設計の段階から製品に組み込むことである。GE
では，販売努力（sales effort）は，技術者が設計図を引く前の段階から始
まる。売る（selling）という実際の行為は，そのような販売努力における
最後の段階にすぎない（同上書，51 頁）。

　この引用でいう販売努力，すなわちマーケティング活動は，ビジネス活動
の生命線なのです。しかし，マーケティング活動だけではビジネスは成り立
たない，とドラッカーはいいます。企業は，静的な経済のなかで活動してい
るのではなく，発展する経済，ダイナミックに変動することが自然で望まし
いものとされる経済のなかでしか存在できないからです。企業は，競争を避
けることができないのです。企業には，絶えず変化し成長することが求めら

【コラム】豊田佐吉の志

　「明治 23 年，東京に博覧会が開かれた時の事である。いなか者らしい一人の青年
が，毎日毎日機械館に来ては，そこに陳列してある機械の前にすわって，じっとそれ
を見入っているのであった。係りの人々は，とうとう彼をあやしい者とにらんで取調
べた。調べてみると気ちがいでも何でもなかった。非常な機械好きで，しかも愛国心
の強い青年であった。彼はそこに並べてある機械を指して，『これは皆外国品ばかり
ではないか。こんなことで日本の将来をどうする。今に私はりっぱな国産品を作っ
て，きっと外国品を追払って見せる。』と，かたい決心を語った。この青年こそ，後
に自動織機を発明して，世界の工業界に名をとどろかした豊田佐吉その人であった」
（加藤誠之編「トヨタ自動車躍進譜」豊田自動織機製作所自動車部，1937 年。和田一夫『豊
田喜一郎文書集成』名古屋大学出版会，1999 年，112 頁より引用。ただし，引用文の表現
を読みやすいように修正）。

　この言葉には，豊田佐吉がまさに企業家精神に富んだ人であることが，はっきりと
示されています。

れているのです。それゆえ，イノベーションが不可欠となるのです。

　イノベーションの重要性については後でくわしく述べますが，ドラッカーの次の言葉を引用しておきたいと思います。

　「ビジネスのマネジメント」とは何か。ビジネス活動をマーケティングとイノベーションによって顧客を創造する活動であるとする考え方から導き出されることは，ビジネスのマネジメントは，常に企業家的性質をもつということである。……また，ビジネスのマネジメントは，環境に適応することではなく環境を変革する創造的な仕事でなければならないということである（同上書，65-66頁）。

13.2 イノベーションとビジネスの革新

❖ 小企業の重要性

◆ 日米の小規模企業

ビジネス活動が盛んなアメリカの小規模企業（small business）の事情を
みてみましょう。伝統的にアメリカ商務省は，小規模企業を従業員の雇用が
500 人未満としているようですが，同じ政府機関でもこれと異なる定義をし
ており，一概に何を小規模企業とみるか定義するのは容易ではありません。
とはいえ，中小企業・起業協議会（Small Business & Entrepreneurship
Council：SBE Council）は，2016 年の国勢調査に基づき，560 万にのぼる企
業の 90％は，従業員が 20 人未満の小規模企業であることを示しています。
従業員 100 人未満では，98％となっています。また，雇用者数でみれば，従
業員 20 人未満の企業が 17％，100 人未満では 50％です。企業数と雇用者数
からみても，小規模企業が重要な存在であることがわかります。

また，小規模企業は，雇用創出（job creation）に重要な役割を果たして
います。米国中小企業庁（U. S. Small Business Administration：SBA）に
よれば，2000 年から 2017 年における就業者の純増の 66％は小規模企業がも
たらしたものです。この期間，大企業が生み出した新規雇用は 440 万人で
あったのに対して，小規模企業は 840 万人でした。

わが国はどうでしょうか。中小企業基本法では「中小企業者」と「小規模
企業者」について規定していますが，他の法律などと異なる場合もあります
ので，注意が必要です。同法では，常時使用する従業員の数などで分類して
います。詳細は省きますが，従業員数からみた中小企業者は，製造，建設，
運輸業などでは 300 人以下，卸売業とサービス業で 100 人以下，小売業で
50 人以下となっています。小規模企業者は，常用雇用者規模のみで定義し
ており，製造，建設，運輸業などで 20 人以下，その他の産業では 5 人以下

です。

　ここでは，小規模企業者についてみてみましょう。『2018年版小規模企業白書』と「中小企業・小規模事業者の数」（中小企業庁，2016年6月時点）によれば，小規模企業者の数は1999年には423万で全体（485.4万）の87％を占めていましたが，その後は減少し続け，2016年6月時点で305万となりました。しかし，全体で359万ある企業の85％を占めています。また，従業者についても企業者数と同じく減少傾向にあります（『2017年版中小企業白書』）。2009年には全体の26.7％を占めていましたが，2014年には23.5％へと低下しています。それでも，小規模企業者が従業者全体の約4分の1を雇用しており，重要な役割を担っていることに変わりはありません。これに中小企業者を加えれば，日本経済において規模の大きくない企業が重要な役割を演じていることがはっきりします。

◆ 開業と廃業

　どのような企業であれ，遅かれ早かれ寿命が尽きます。それゆえ，社会が活力を維持するためには，新しい企業の登場が不可欠となります。そこで，開業（startups）と廃業（closures）についてみておきたいと思います。

　図表13-1ではアメリカの数字が2011年までしかありませんが，米国中小企業庁が発表したデータで補っておきます（SBA, Office of Advocacy,

図表13-1　開廃業率の国際比較

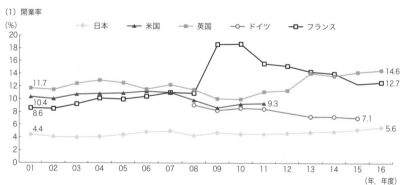

(1) 開業率

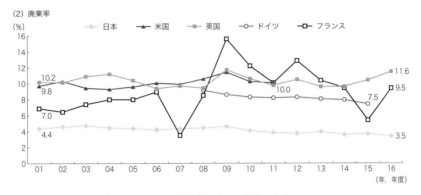

（出典）中小企業庁『2018年版中小企業白書』。但し，注記は省略。

August 2018)。米国では，2008年から2015年の間でみれば，開業も廃業も平均して4万事業者前後となっています。そして，それぞれが全体に占める割合は，約8％です。

　わが国の中小企業庁は，「我が国と各国の統計の方法が異なるため，単純な比較はできないが，開業率及び廃業率ともに，他の先進国に比べると相当程度低い水準で推移している」，と述べています。一概にはいえませんが，わが国の場合，米国，英国，ドイツ，フランスに比べると経済的活力が弱いと考えざるを得ません。

❖ ビジネスとイノベーション

◆ イノベーションとは

　本書では，企業が長期的にわたって成長し続けて社会に貢献することをビジネスの成功だと定義しました。短い間あるいは一時的に成長するのではなく，長期にわたり持続的に成長してこそ，真の成功と呼べるのです。では，長期的に成長するにはどうしたらいいのでしょうか。ドラッカーのいうように，「顧客の創造」こそがビジネスの存在を保証するのです。そして，そのための重要な企業家職能のひとつが，イノベーションなのです。

　では，「イノベーション（innovation）」[1]とは何でしょうか。まず一般的

にはどのように理解されているのか，みておきましょう。

　①刷新，革新，新機軸。②生産技術の革新・新機軸だけでなく，新商品の導入，新市場・新資源の開拓，新しい経営組織の形成などを含む概念。シュンペーターが用いた。日本では技術革新という狭い意味に用いることもある（『広辞苑　第六版』）。

　"a new idea, method, or invention"（新しいアイデアや方法，あるいは発明）"the introduction of new ideas or methods: *We must encourage innovation if the company is to remain competitive*"（新しいアイデアや方法の導入。会社が競争で生き残るためには，革新を押し進めなければならない）(*Longman Dictionary of Contemporary English*, Fifth Edition)

　ドラッカーは，「イノベーションとは，より優れた，より経済的な財やサービスを提供することである」と述べています。彼は，ビジネスのあらゆる領域に新しいアイデアや方法を導入して，絶えずビジネスを発展させることがイノベーションだと考えているのです。この点について，もう少し具体的に説明しておきましょう。

　ドラッカーは，新しくすぐれた製品を生みだすこと，新しい利便性や新しい欲求の創造もイノベーションだけれども，それと同様に，これまでの製品の新しい用途を発見することもまたイノベーションだとして，次のように述べています。著者の印象に強く残っている話ですので，紹介したいと思います。

　食べ物の凍結防止用として冷蔵庫をエスキモーに売ることに成功したセールスマンは，新しいプロセスを開発したり新製品を発明した者とまっ

1　イノベーション：刷新，革新，新機軸などと訳される。シュンペーターが重視した考えで，生産技術の革新よりももっと意味は広い。さまざまな要素を新たに結びつけ（新結合），製品や組織に大変革を起こすこと。

たく同様，「革新者（innovator）」である。食物の冷蔵保存のためにエスキモーに冷蔵庫を売ることは，新しい市場の発見であり，また，食物の冷えすぎを防ぐために冷蔵庫を売るということは，まさに新製品の創造である。もちろん，技術的にはこれまでと同じ製品に変わりはないけれども，経済的にはイノベーションなのである（P・F・ドラッカー著『［新訳］現代の経営（上)』53頁）。

冷蔵という言葉の意味をあらためて考えさせてくれる，興味深い指摘です。このようにドラッカーは，企業生存の土台である顧客を創造するための企業家職能として，マーケティングと並んでイノベーションをとくに重要視しているのです。

◆ イノベーションと企業家職能

イノベーションが企業家職能であるとはどういうことでしょうか。また，企業家とはどのような人なのでしょうか。まず，一般的な理解を確認しておきましょう。

　営利のため，自ら経営・指揮の任に当たって生産を行う人。企業の経営者（『広辞苑　第六版』）。

　"businessperson who accepts both the risks and the opportunities involved in creating and operating a new business venture"（リスクに立ち向かい機会を見出すことにより，新たなビジネスを起こしそのビジネスを運営する事業家）（Ebert, R. J. & Griffin, R. W. (2019), *Business Essentials*, 12th Edition, p. 81)

最初の説明では，企業家は経営者だとしか書かれていませんが，次の説明には，新たなビジネスを起こす，リスクに立ち向かうなど，より積極的な人物像が示されています。そこで，もう少しくわしくみておきましょう。

「企業家（entrepreneur）」という言葉の語源はフランス語ですが，その意味をはっきりと意識して使用したのは，フランスの経済学者，「J・B・セイ（1767-1832）」[2]だといわれています。彼は，土地，労働，資本という生産の3つの要素に加えて，これらの要素を結合して新たな価値をつくりだす力としての第4の要素に注目しました。この第4の要素を担うのが企業家だと考えたのです。今日流にいえば，この生産の第4番目の要素はマネジメントのことです。マネジメントは，その本質からして創造的な性格をもっているのです。

さて，企業家とは何かをもっとも深く研究した人物だといわれる「J・A・シュンペーター（1883-1950）」[3]は，セイが企業家の重要性に注目したことを高く評価しています。しかし，「J・B・セイを始めとするごく少数の人々が，企業家の姿にチラッと目を留めているのみである」と述べているように，シュンペーターは，セイの企業家の理解に満足していません。セイは企業家職能の本当の性格を理解していない，というのです。シュンペーターのいう企業家職能の真の性格とは何でしょうか。

セイは，マネジメントの重要性をはっきりと意識しています。しかし，マネジメントにはルーチン・ワーク（routine work），つまり過去の例にならって処理できる仕事もありますが，さらにそれを超える重要な仕事が含まれているのです。何をすべきかの決定とこの決定をどうやって実行していくかという，ルーチン・ワークではない新しいことへの挑戦という創造的役割です。シュンペーターは，生産要素の「新結合（新しい活用方法の実現）」，つまりイノベーションを通じて経済的リーダーシップを発揮するという創造的な役割のことを，企業家職能の本質とみなしたのです。セイにはルーチン・ワークとイノベーションという2つの役割をはっきりと区別することができなかった，とシュンペーターはいっているのです。

2　セイの企業家概念：資本を提供する人とは区別される，生産の3要素を結合して新たな価値を創造するという役割を担う人びと。
3　シュンペーターの企業家概念：生産要素の「新結合」，つまりイノベーションを通じて経済発展を指導するあらゆる人びと。

　要するに，マネジメントという仕事のなかでも，イノベーションという企業家職能こそが経済発展の原動力なのだ，というのがシュンペーターの考え方なのです。ドラッカーの次の言葉は，企業家の本質を的確に指摘しているように思います。

　　あらゆる仕事が原理に基づいている。企業家精神もまた原理に基づく。企業家精神の原理とは，変化を当然のこと，健全なこととすることである。／企業家精神とは，すでに行っていることをより上手に行うことよりも，まったく新しいことを行うことに価値を見出すことである。これこそまさに，セイの「企業家」なる言葉の本質だった。それは権威に対する否定の宣言だった。すなわち，企業家とは，秩序を破壊し解体する者である。シュンペーターが明らかにしたように，企業家の責務は「創造的破壊（creative destruction）」なのである（P・F・ドラッカー著，上田惇生訳『イノベーションと企業家精神』ダイヤモンド社，2007年，3頁）。

　　企業家は変化を当然かつ健全なものとする。彼ら自身は，それらの変化を引き起こさないかもしれない。しかし，変化を探し，変化に対応し，変化を機会として利用する。これが企業家および企業家精神の定義である（同上書，5頁）。

◆ 成功の源泉としてのイノベーション

　シュンペーターは，イノベーションを通じて経済発展を指導するすべての人びとが企業家であると考えました。このような人びとがたくさん現れれば，経済は発展するというのです。イノベーションは成功の源泉だ，という考えです。企業家の役割であるイノベーションの重要性は，ビジネスの成功事例をたくさん集めてその原因を分析すればあきらかになる，とシュンペーターは述べ，以下のように3つの興味深い事実分析をしています。

　すぐに気づくのは，すでに確立された分野や方法での事業活動では，必

　要とする要素の供給を確保する以上に収益を大幅に上げることはほとんどできないという点だ。さらに，ほとんどの事業会社の収益能力は，数カ月から数十年の幅はあるものの，一定の期間を経ると先細りになることがわかる。そして最後に，大きな余剰利益は新しい産業や新しい方法を採り入れた産業で生まれるのが通例で，とくにその分野に一番乗りした企業によって実現されるものであることも明らかとなる（J・A・シュンペーター著，清成忠雄編訳『企業家とは何か』東洋経済新報社，1998年，121頁）。

　最初の指摘は，成熟した産業やルーチン・ワークでは大幅に収益を伸ばすことはできないということ，したがって，成功するためには，要素を新たに組み直す（新結合）以外に方法がないということです。

　次の指摘は，要素の組み直しは成長にとって不可欠だけども，それを行うことが大変難しいという事実を示しています。それゆえ，ほとんどの会社はそのことが実行できず，早いか遅いかの差はあれ，衰退している（先細りになる）というのです。

　この点については，イノベーションをマーケティングと並ぶビジネス活動の柱と位置づけたドラッカーも，イノベーションがなければ企業が成り立たないとはっきりと述べています。マーケティングは，何を造り売ればいいのかという商品生産のより所をしめす企業独特の機能ですが，変化することがあたりまえの市場経済では，マーケティング活動だけでは企業は成り立たないからです。イノベーションを行わなければ，成長はとまり，企業の業績は先細りになるのです。

　そして最後の指摘は，イノベーションが企業に大きな利益をもたらすこと，成功の源泉となることをはっきりと示しています。他の人や企業に先んじてイノベーションを行えば，大きな利益がついてくるということです。もちろん，コロンブスの卵には失敗がつきものです。しかしまた，利益を手にする機会も大きいわけです。

　続けてシュンペーターは，「こうした説が完全に立証されるには科学的な調査をまたなければならないが，一般に知られている事実がこれを力強く裏

【コラム】経済発展と企業家のリーダーシップ

　シュンペーターは，習慣を変えるのがいかに難しいか，企業文化の変化がいかに難しいか，そしてすぐれたリーダーシップの発揮によってしか変化は起こせない，と述べています。

　「我々を取り巻く周囲の環境は，慣れない状況に抵抗する。慣れたことが毎年くり返されるうちは，人々は自動的に，しかも通常は喜んで協力してくれる。新しい方法には労働者が反発し，新しい製品には消費者が気乗り薄で，新しい経営形態には世論・官庁・法律・信用供与者等が抵抗を示す。ルーティンワークでは走り慣れた軌道に乗っていたので，その国のその時代の人々の平均的知性と意志力で十分対応できたものが，上述の困難を克服するためには，少数の個人しかもたないような資質が要求される。それゆえ，一つの国民経済をそっくり新しい軌道に乗せるため，また彼らの経済経験の蓄積を新しくつくり替えるため，こうした個人による経済的リーダーシップが要求されるのである」（J・A・シュンペーター著『企業家とは何か』32-33頁）。

づけている」と述べ，イノベーションの重要性を強調しています。現在もなお，彼のこの指摘の正しさは変わらないでしょう。

　注意しなければならないのは，企業家を新しく事業を起こした人（起業家や創業者）のことだと考えてはいけないということです。もちろん，起業家や創業者は創造的な仕事を行っているので，企業家だといってもよいでしょう。しかし，イノベーションのような創造的な仕事を行うのは，なにも彼らに限ったことではありません。たとえば，企業組織の規模が大きくなりすぎて官僚制化，硬直化して，いわゆる大企業病にかかるなどして傾きかかった企業を再生した人たちも，まちがいなく企業家です。シュンペーターのいう経済的リーダーシップを発揮した人たちであるからです。少し古い表現を使えば，このような人たちは，「中興の祖」と呼ばれてきました。

　つまり，企業家とは，ビジネスを起こすこととは直接に関係していません。そうではなく，イノベーションという役割を担う人びとすべてが，企業家なのです。企業家とは，「イノベーター（innovator）」[4]のことなのです。

4　イノベーター：イノベーションという役割を担う人。革新者あるいは変革者と訳される。

そして，イノベーターがたくさん出現することが，ビジネス成功の重要な源泉なのです。

第 14 章

ビジネスの未来

──どこへ向かうのか──

14.1　企業価値を考える

❖ ビジネスと社会

◆ 社会の中心的存在としての企業

　商品生産が支配的となっている資本主義社会に生きているかぎり，どこの国においてもビジネスは私たちの生活に深くかかわっています。著名な経営思想史家の次の言葉が示唆に富みます。

　　ビジネスはアメリカ人の生活の中心をなしている。歴史家はそれを分析し，ジャーナリストは描写し，政治家は論じる。労働組合は交渉し，小説家は皮肉る。消費者はそこから購入し，中傷者はその行いを非難する。時には過ちを犯すとはいえ，ビジネスは，あらゆる方法ですべての人々の生活を支えている。ビジネスは我々の生活全般に影響を及ぼし，その順調な歩みは国家の進展と緊密に結びついている。我々の行動，暮し，そして欲求は，我々がパンやミルクを買う街角の店から多国籍企業にいたるビジネスによって賄われているのである（ダニエル・A・レン，ロナルド・G・グリーンウッド著，井上昭一ほか訳『現代ビジネスの革新者たち』ミネルヴァ書房，2000 年，ⅰ頁）。

　現代は，ビッグ・ビジネスが社会の中心的存在になっています。その行動が生活に大きな影響を及ぼす時代に，私たちは生きているのです。日本が経済大国を自認していた 1980 年代，車の両輪としてわが国の経済を支えたエレクトロニクス産業と自動車産業の成長がなければ，いまの日本の存在はなかったでしょう。このように，ビッグ・ビジネスは現代社会に不可欠な存在となっているのです。ピーター・ドラッカーは今から 70 年以上前に，著書 *Concept of the Corporation*（1946 年）のなかで次のように述べています。

　近代社会における中心的問題は，ビッグ・ビジネスを望むかどうかではなく，それに何を望むかであり，そして，私たちの希望や要求を実現する最善のビッグ・ビジネスや社会組織はどのようなものかということである（P・F・ドラッカー著，上田惇生訳『企業とは何か』ダイヤモンド社，2008年，5頁。ただし，訳文は原文に基づき変更）。

それゆえまず第1に，企業はどのようにすれば存続し成長できるかが研究されなければならない。なぜなら，社会にとって企業の存続と成長が不可欠であるからです。しかし同時にまた，社会が安定的であるためには企業が何をしなければならないのかについても考えなければいけない。なぜなら，社会の安定は，そこに生きる人びとの望みであるからです。ドラッカーはこのように主張し，企業をみるうえで社会との関係を重視しています。

◆ ビジネスをみる視点

　ビジネスを行う企業が社会的存在であることは，いまや自明のことでしょう。先にみたように，ドラッカーはこのことを半世紀以上まえにはっきりと示し，ビジネスについて深い洞察を行っています。彼の言葉でいえば，企業とは，社会に根ざし公益を考えるべき「社会的機関（social institution）」なのです。

　ビジネスと産業について論じた文献がないわけではない。……しかし，経済あるいは経営の専門家のだれも，企業を政治学的には分析していない。すなわち，企業が，人びとの努力を共通目的に向けて組織する社会的機関（social institution）であるとはとらえていない。それに対して本書は，企業の本質と目的を，経済的成果や公式的規則ではなく，企業の構成員間の関係ならびに企業と外部の社会との関係にみいだしている（同上書，12頁）。

企業を社会的機関としてみるとは，具体的にはどういうことでしょうか。

ドラッカーは，企業を3つの側面から分析しなければならないと述べています。すなわち，第1は，企業をビジネスを行う自律的な機関としてみること，企業は経済的成果をあげなければならない存在であるということです。第2は，社会の信条と約束の観点から分析すること，企業は社会を代表するものなので，人びとの期待や信条を実現する場であるということです[1]。第3は，社会の要求との関連で分析すること，すなわち社会がその役割を果たし存続するために企業がどのように貢献できるかということです。

　後に，*The Practice of Management*（1954年）に寄せた「はじめに」（1985年）において，ドラッカーは，ビジネスをみる視点の重要性を次のようにはっきりと述べています。

　『現代の経営』は，企業を全体としてみた「最初のもの」である。それ以前のマネジメントに関する本はすべて，また現在に至るもその大半は，企業の一側面しかみていない。それらは通常，組織，政策，人間関係，権限など，企業の内的要素だけをみている。『現代の経営』は，企業を三つの次元でとらえている。第1に，自らの外部である市場において顧客のために，経済的成果を生みだす機関としての「事業（business）」としてとらえている。第2に，人びとを雇い，育成し，報酬を与え，彼らを生産的に組織すべき……人間的社会的「組織（organization）」としてとらえている。第3に，社会に根ざし公益を考えるべき「社会的機関（social institution）」としてとらえている（P・F・ドラッカー著，上田惇生訳『[新訳]現代の経営（上）』ダイヤモンド社，1996年，v-vi頁。ただし，訳文は原文に基づき変更）。

　企業は社会的機関である，これがドラッカーのビジネス研究の基本理念なのです。企業は社会が望む商品を提供しなければならない。企業は社会の一

1　「社会の信条と約束」とは，機会の平等や能力と努力に応じた報酬の約束，すべての人が社会の一員として扱われて自己実現の機会が与えられるという約束，すべての人が協力し合うパートナーであるとの約束を意味する（同上書，14頁）。

般的な価値観（自由と平等）に基づいて働く人びとを処遇しなければならない。さらに，企業は社会発展に寄与しなければならない。要するに，企業は金もうけの手段ではない，この主張がドラッカーの一貫して発し続けたメッセージなのです。

❖ 企業価値とは

◆ 会社は株主のものなのか

　社会的機関である企業は，どのような価値観に基づいて経営されているのでしょうか，また経営されるべきなのでしょうか。すなわち，企業価値とは何かという問題です。この問題について，法人企業である会社，その代表である株式会社をとりあげて考えてみたいと思います。

　しばしば，会社は株主のものであるといわれます。先に紹介したドラッカーの見解とは異なり，株主が会社の所有者だという考え方です。だから，会社は株主の利益のために経営されるのが当然だというのです。このような考え方を，株主主権論といいます。

　民法上，所有とは，モノに対する全面的な支配を意味します。つまり，法令に違反しないかぎりで，モノを自由に使用・収益・処分することです（民法，第206条）。私たちが服を所有する，スマートフォンを所有するということを思い浮かべればよいでしょう。収益というのは，たとえば購入あるいは生産したモノ（たとえば野菜や果物）を販売して利益をあげるという場合を考えれば理解できると思います。要するに，モノを所有するとは，所有者の意のままにすることができるということです。株式はモノなので，株主が株式を自由に売買できるのは当然です。

　しかし，会社はモノなのでしょうか，モノと考えるべきなのでしょうか。会社がモノであれば，あるいはモノだと考えれば，だれかが所有することができます。そして，所有者が自由に使用・収益・処分することができます。そのような権利をもつ人が，会社には存在するのでしょうか。株主が出資する（株式を購入する）ことによって会社がつくられるので，株主が会社の実

質的所有者であると一般にいわれています。ですが，株主が所有しているのは会社それ自体ではなく，資本金として示される株式にすぎません。

　会社には多くの利害関係者（ステークホルダー）がいます。会社は法律上独立した存在としての法人なので，会社財産の所有者は，株主ではなく会社自体です[2]。それゆえ，株主も会社と利害関係をもつステークホルダーのひとりなのです。また，従業員も重要なステークホルダーですし，会社に資金を提供する債権者も同様です。さらには，第5章（5.2）で述べたように他にも多くのステークホルダーが存在します。つまり，株主の利益を優先して会社を経営するという考えは，正しいとは思われません。

◆ 会社はモノなのか

　不思議な問いだと思うかもしれません。アメリカ型の株主主権論は，会社をモノだとみなしているのです。少し例示してみましょう。

　ウォール街の金満家（成金）が，常にコンピュータを脇に置き，株価が格安の会社を日夜探して買収をしかけ，首尾よく成功した暁には高値で財産を売り払うというのが，米国流 M&A の一般的なシナリオです。そこにあるのは，会社をモノとみなす考え方であり，商品売買，すなわちモノの売り買いという行為です。

　たとえば，ダニー・デヴィート（Danny DeVito）が主演した，"Other People's Money"（1991）という映画があります。これは，アメリカ企業の M&A を題材にした人情味のあるコメディであり，当時のアメリカ・ビジネスの風潮を批判したすぐれた作品です。

　この映画のなかで，被買収対象会社である New England Wire & Cable Co. の会長役の名優グレゴリー・ペック（Gregory Peck）は，買収の賛否を問う株主総会の場で，実社会では「殺人」と呼ばれる行為を金満家は「株主価値の最大化」というのだと，会社防衛の立場から株主たちに訴えています。デヴィートとペックの株主に対する呼びかけは，結果としては前者に軍

2　法人の意義については，第8章（8.2）および本章第2節（14.2）を参照のこと。

配が上がりました。「株主価値最大化」志向のビジネス界の現実を示した結果でしょう。しかし，デヴィートは勝負に勝った後，金をえるためにこの会社を売り払うのでなく，日本企業との新たな技術提携により復活，存続させる道を選びました。ここには，会社をモノとみなす考えの絶対性に対する批判が示されているように思います。

このような観点からのストーリー性はこの映画よりもはるかに落ちますが，ウォール街の実業家役のリチャード・ギア（Richard Gear）とジュリア・ロバーツ（Julia F. Roberts）が主演する "Pretty Woman"（1990）にも，精神の共通性がみてとれます。どちらの映画もほぼ同じ時期に公開された映画であり，背後には，1980年代のアメリカ・ビジネス界の拝金主義，会社はモノであるとの考えに対する反省（批判）を感じとることができます。

株主主権を信奉する代表国である米国において，主要企業の経営者団体である「ビジネス・ラウンドテーブル（Business Roundtable：BR）」[3]は，2019年8月19日，株主第一主義を見直しすべての利害関係者の利益に配慮した経営を行うと宣言をしました。すべての利害関係者とは，順に(1)顧客，(2)従業員，(3)取引先，(4)地域社会と続き，最後に(5)株主が挙げられています。『日本経済新聞』の「真相　深層」は，次のように指摘しています。

　すでに欧州は修正で先を行く。英国は上場企業の企業統治指針（コーポレート・ガバナンス・コード）を改め，利害関係者として従業員の声を経営に取り込むよう求めた。1月以降に始まった決算期から適用している。／日本のここまでの企業統治改革はむしろ，株主重視へ振り子を振るかたちを志向した。それは従業員や取引先，社会を大事にする企業文化の素地がある半面，利益水準は低いままで30年に及ぶ株価低迷を抜け出せないことへの反省からだ。／いわば双方離れていた振り子が，米国からは日本の方へ，日本からは米国のほうへ寄る動きともみえる。……企業が社会と

3　ビジネス・ラウンドテーブル：米国主要企業のCEOなどからなる1972年設立の経済団体。ホームページを参照のこと（https://www.businessroundtable.org）。

調和しながら持続的に成長できる資本主義はどうあるべきか。少なくとも
これまでの延長線の先には答えがないと考え，各国それぞれが道を模索す
る。その色合いが一段と強まっている（藤田和明「米企業『株主第一』に転
機」『日本経済新聞』2019 年 8 月 21 日付）。

　会社はモノでなく，株主のものではないとの意識が，今後いっそう強まる
のはまちがいないでしょう。

14.2　ビジネスの未来

❖ヒトとしての企業

◆ 法人──法律上のヒト

　会社はモノでなく法律上のヒトであり，株主の所有物ではありません。法人については第8章（8.2）で説明しましたが，もう少し詳しくみておきましょう。経済学者の岩井克人氏は次のように述べています。

　　会社とは，法律上はヒトとして扱われていますが，本来はヒトではありません。実体としては，単なるモノ，より具体的には単なる組織にすぎません。組織には，目もないし耳もないし口もない。手もないし足もない。そしてもちろん，頭もありません。会社が現実の社会の中でヒトとして活躍するためには，会社になりかわって契約を結んだり，資産を管理したり，他人に対して訴訟を起こしたりする生身のヒトが絶対に必要です。そのヒトが，とりもなおさず代表取締役，もっと広くいえば代表権を持った経営者という存在なのです（岩井克人『会社はだれのものか』平凡社，2005年，28頁）。

　会社には経営者（機関）が不可欠です。その理由は，経営者がいなければ経営がうまくできないからではありません。経営者がいなければ会社自体が存在しえないからです。脳や心臓がなければ人間が生きられないのと同じです。つまり，たんなるモノ，組織が命をもつことができるのは，経営者の存在によってだからなのです。いわば経営者は，会社それ自体なのです。会社は経営者の存在によって，初めてヒトになれるわけです。

　以上のことから，経営者には生身の人間と同じ心をもち，行動することが義務づけられているのです。これを法律用語では，「忠実義務」[4]や「注意義

務」[5]といいます。すなわち，経営者は会社のために忠実に行動し，善良な管理者としての注意をもって経営にあたることを，法律は義務づけているのです。経営者は会社と契約関係にはありません。契約関係であれば，経営者は会社の利益とは別に自己の利益を追求する権利をもちます。しかし，脳や心臓が自分勝手に動けないのと同じように，経営者は会社の利益と別の行動をする権利をもっていません。経営者と会社とは委任関係にあります。委任関係は契約関係とは違い，「信任関係」[6]という関係です。この点について，岩井氏は次のように述べています。

　　法人としての会社はみずからのすべての行動を，「信頼」によって経営者に「任せて」いるのです。それだからこそ，「信任」を受けた会社の経営者は，会社に対して「倫理的」に行動することを義務づけられているのです（同上書，14頁）。

　法人としての会社，すなわちこれをヒトたらしめている経営者は，「まさに会社と信任関係にあり，会社の目的のために自己利益の追求を抑えて行動する義務を負っている」（同上書，37頁）のです。

◆ 会社それ自体とは

　以上のように，法人の経営者は，会社それ自体の目的のために自己利益の追求を抑えて行動しなければなりません。では，会社それ自体のための経営とはどういうことでしょうか。よくいわれるように，会社の株式時価総額を増やすことなのでしょうか。株式時価総額（第12章（12.1）を参照）は，

4　忠実義務：「取締役は，法令及び定款並びに株主総会の決議を遵守し，株式会社のため忠実にその職務を行わなければならない」（会社法355条）。
5　注意義務：「株式会社と役員及び会計監査人との関係は，委任に関する規定に従う」（会社法330条），「委任は，当事者の一方が法律行為をすることを相手方に委託し，相手方がこれを承諾することによって，その効力を生ずる」（民法643条），「受任者は，委任の本旨に従い，善良な管理者の注意をもって，委任事務を処理する義務を負う」（民法644条）。
6　信任関係：会社と経営者の間の，信頼に基づく経営の委任・受任関係。

基本的には経済的事業を行う会社の能力を示す収益力や成長力を投資家が評価した結果，市場において決められています。その意味で，株式時価総額は，会社の社会的存在意義を示す指標だと考えられます。

　しかし，もう少し深く考えてみましょう。株式時価総額は株式を購入し保有する投資家にとっての価値，売買価格ですが，社会を投資家に代表させることはできません。つまり，投資家にとっての価値は，モノ，商品の価格が高いか低いかにあるのですが，投資家は社会の一部にすぎないからです。投資家以外の人びとを含む社会全体にとっての価値は，投資家にとっての価値と必ずしも一致しないでしょう。社会にとっての会社の価値とは，会社の（存在意義である）持続的に成長する能力にあると考えられます。

　すでに述べたように，法律上のヒトであり株主のものではない，株主とは別に独立した権利義務の主体である会社は，株主の価値とは別にそれ自体の価値をもっています。生身の人間であるヒトの場合，自身の価値とは，不断に成長し，社会発展に寄与しうる能力であり，それは給与，組織的地位や社会的地位などによって評価されています。社会的存在としての会社もまた，まず，それ自体の価値を考えるべきでしょう。

　企業の価値とは何か，と問われたある経営者は，次のようにはっきりと答えています。

　　長期的，持続的に成長する力だ。メーカーならば開発力。開発投資をする資金力や技術力を多く持っている会社が，価値ある会社だ。株式時価総額は価値の唯一無二の基準ではない。我々は完全に「技術」に価値を置いて企業買収してきたし，今後もそうする（「メディアウォーズ　私はこう見る　12　御手洗冨士夫氏」『朝日新聞』2005年11月27日付）。

　企業が高い開発力を維持し，長期的に成長する能力をもたなければならないとの指摘は，自然人と同じように企業も，持続的に成長する能力を高める努力をすることによって社会発展に寄与するという価値観をもつことの大切さを示しています。

❖ ビジネスの未来

◆「経済大国」日本の現実

第二次世界大戦後の高度成長期を経て 1980 年代後半に，わが国は経済大国といわれるようになりました。これ以後，日本企業は世界経済において際立つ存在となりました。アメリカの経済誌『フォーチュン (*FORTUNE*)』の「世界企業　鉱工業 500 社」(1990 年版，売上高順位) をみると，アメリカ企業の 167 社にはおよびませんが，日本企業 111 社がランキング入りし，続くイギリスの 43 社を大きく引き離しています。そして，わが国経済の基幹産業である自動車・自動車部品 (18 社) と電機・電子機器産業 (コンピュータ産業 3 社を含め，18 社) で，日本企業全体の約 3 分の 1 を占めていたことに，そのことが示されています。

当時，日本経済新聞社編集のある書物は日本企業の進路をバラ色に描き，「日本人の企業観は世界に通用します」(日本経済新聞社編『ゼミナール　現代企業入門』日本経済新聞社，1990 年，ii 頁) と自信満々に述べていました。一方で，それまでの経営のやり方では「日本型経営が危い」との認識が示され，グローバリゼーション下の日本企業の競争のあり方についての本格的議論が行われ始めたのも，この時期からでした。

当時ソニー会長で，経済団体連合会 (現在の日本経済団体連合会) 副会長でもあった盛田昭夫氏が発表した論文は，国内外で大きな反響を呼びました。というのは，日本を代表する企業経営者が，「日本型経営」(日本の経営のやり方) の見直しを提言したからです。盛田氏は次のように述べています。

「日本は世界経済のボーダレス化の流れの中に深く組み込まれており」，環境問題や資源問題をはじめとする「世界的規模の課題は，すべて日本の将来に大きなインパクトを持つものであります。／……そのような世界的にクリティカルな時に，その三極 (日米欧──引用者) の大事な一角である日本という国が，欧米から不信の目で見られているような状況は何としても変えていかなければなりません。そのための大事な一歩として，日本企業が欧米と

整合性のあるルールの上でフェアな競争をしていくことが何としても重要なのです」。すなわち，欧米の批判にももっともなところが有り，日本企業の競争のやり方の特異性を再考し，「欧米と整合性を持った競争ルールの確立を通じて欧米の対日不信を払拭し，グローバルな課題解決のための日米欧の緊密な協力関係を築き」「豊かな日本の創造」をめざす，というのが盛田氏の主張の要点でした。そして，次の具体的な改革の提言を行ったのです。

　　1) 生活に豊かさとゆとりが得られるように，十分な休暇をとり，労働時間を短縮できるよう配慮すべきではないか？——旧西ドイツ・フランス並みへの速やかな移行は現実的ではないにしても，アメリカ並みのレベルを目標としてみてはどうか。2) 現在の給与は，企業の運営を担うすべての人達が真の豊かさを実感できるレベルにあるのか。貢献している人々がその働きに応じて十分に報われるシステムになっているのか？　3) 欧米並みの配当性向を確保するべきではないか？　4) 資材・部品の購入価格，納期の面で，取引先に不満を持たせているようなことはないか？　5) 企業および個々人が社会やコミュニティーの一員であることを認識し，積極的な社会貢献に努めるべきではないか？——コミュニティーの抱える諸問題を，企業が共に分かち合う覚悟を持つべきではないか。6) 環境保護および省資源対策に十分配慮しているか？——環境，資源，エネルギーは人類共通の財産であることを強く認識するべきではないか（盛田昭夫「『日本型経営』が危い」『文藝春秋』1992 年 2 月号，102 頁）。

　盛田氏は，これまで十分に配慮してこなかった以上の課題を解決しなければ日本企業の経営が危くなる，という危機感を表明していたのです。

　当時から 30 年近くたった現在，日本の現状はどうでしょうか。経済大国化した日本において，生活の豊かさとゆとり，給与の水準，企業の配当性向，取引先との関係，社会貢献，環境への配慮は，満足のいくものになったのでしょうか。人びとの暮らしを支え，安定した仕事と豊かな生活をするための給与を提供するというもっとも大切な役割を，企業は果たしているので

図表 14-1　各種世帯の 1 世帯当たり平均所得金額の年次推移

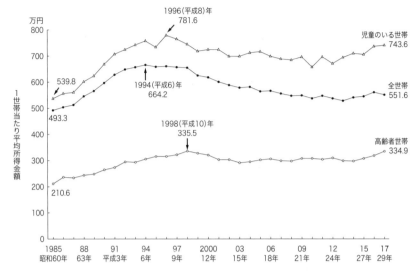

（注）　1）1994（平成 6）年の数値は，兵庫県を除いたものである。
　　　　2）2010（平成 22）年の数値は，岩手県，宮城県および福島県を除いたものである。
　　　　3）2011（平成 23）年の数値は，福島県を除いたものである。
　　　　4）2015（平成 27）年の数値は，熊本県を除いたものである。
（出典）厚生労働省「平成 30 年　国民生活基礎調査の概況」2019 年 7 月 2 日。

しょうか。

　図表 14-1 は，1985 年から直近の 2017 年までの 1 世帯当たり平均所得金額の推移を示したものです。1980 年代後半からの 10 年間，日本経済のめざましい発展とともに 1 世帯当たりの平均所得は全世帯平均で大きく増加しています（1985 年の 493 万円から 1994 年の 664 万円へ）。しかし，その後は大きく減少しています（1994 年の 664 万円から 2017 年の 552 万円へ）。中央値でみても，ほぼ同じような傾向がみられます。1995 年の 550 万円から 2017 年の 423 万円へとほぼ一貫して減少を続けているのです。

　このように，人びとの生活は豊かさへ向かうのではなく，逆方向に進んでいるのが実情なのです。この図表には，じつに驚くべき事実が示されているのです。

　次に，労働時間についてみてみましょう。昔から日本人はよく働くといわ

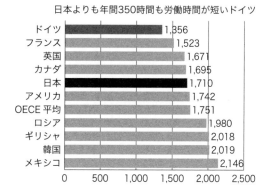

図表 14-2 年間労働時間の各国比較

(注) OECD 加盟国の 2017 年の労働者 1 人当たりの年間
平均労働時間。小数点以下は四捨五入。メキシコ，ア
メリカは 2016 年の数字。
(原資料) OECD。
(出典) 熊谷徹「『長時間労働がない』ドイツと日本の致
命的な差」『東洋経済 ONLINE』2019 年 5 月 7 日。

れてきました。経済大国になってあまり働かなくなったので，他の国と比べ
て GDP や給与が増えないのでしょうか。図表 14-2 には，GDP が日本に次
ぐ経済大国のドイツと比べて，労働時間の差が非常に大きいことが示されて
います。日本人はドイツ人の 1.26 倍，2.5 カ月も多く働いている計算になり
ます。1990 年頃まで 2,000 時間を超えていた日本の労働時間はかなり減少
し，同じ先進国であるアメリカ，イギリス，カナダなどとほぼ同じ水準に
なっています。しかし，フランスやドイツと比べると，依然としてかなり長
時間の労働を行っていることになります。

　いまから 30 年ほど前，イギリスの社会学者のロナルド・P・ドーア氏は，
著書の「日本語版への序」のなかで次のように述べています。

　経済効率性は無論大切である。生産性を上げるに越したことはない。し
かし，私だったら日本の企業の従業員にはなりたいとは思わない。第一，
年に 2,200 時間の労働を会社に捧げるのは御免こうむる。自分の私生活，

家族生活，レジャー生活に対して労働生活を日本と同じ程度優先させなければならないとすればこれはいやだ（ロナルド・P・ドーア著，山之内靖・永易浩一訳『イギリスの工場・日本の工場——労使関係の比較社会学——』筑摩書房，1987年，x頁）。

　図表14-2をみれば，わが国は先進諸国のなかで決して長時間の国ではないように思う人もいるでしょう。しかし，サービス残業や過労死という言葉が一般化している日本社会の現状からすれば，この数字に表れていない労働の実態があると考えたほうがよいでしょう。上に引用したドーア氏の主張に，ほとんどの人は賛成するでしょう。自分の私生活，家族生活，レジャー生活を労働生活に対して優先できる社会，それを支えるビジネス活動の実現が，経済大国と胸をはっていえるような社会の実現が，いま強く求められていると思います。

◆ どこへ向かうのか

　経済のグローバル化の勢いは，日ましに強まっています。第12章（12.1）で述べましたが，2017年1月25日，米ダウ工業株30種平均は，史上初めて2万ドル台にのせました。この背景には，ITを中心とした技術革新やM&Aで成長し続ける米国企業の力があるといわれています。米国企業は新陳代謝を繰り返し，事業構造を大きく変化させてきています。1999年当時のダウ工業株時価総額上位の構成銘柄の半数が，2017年には入れ替わっているのです。99年当時は上位にいなかったアップルとマイクロソフトが第1位と第2位を占め，首位だったGEは第6位に留まっていますが，事業構造を大きく変化させています。「選択と集中」の代名詞といわれるGEは，2014年時点で利益の4割を占めた金融事業を大幅に削減し，製造業へ回帰する戦略へと事業編成の根本的な転換を進めています。

　わが国はどうでしようか。たとえば，基幹産業である電機産業において，各企業は，テレビ事業の価格競争による消耗戦を避けるために世界の生産体制を見直すなど「リストラクチャリング（restructuring）」[7]を徹底し，利

益率重視の経営体質への変身を試みていますが，いまのところまだ明確な進路（ビジョン）が示されているとは思えません。もうひとつの基幹産業である自動車業界も，規模の追求を目的としたかつての方向から，環境や安全技術などを軸とした緩やかな連携へと競争軸を変化させ，激化するグローバル競争に対応しようとしています。たとえばトヨタ自動車は，車両の電動化，自動運転など次世代技術の開発のために異業種との連携をいっそう強化する方針を示しています（『SankeiBiz』2019 年 5 月 9 日付）。

　とはいえ現状では，わが国の GDP（名目値）は 20 年あまりほとんど増加しておらず，世界に占める比率も 1995 年の 17.6％から 6％弱へと，減少する一方です。と同時に，『フォーチュン』誌のグローバル 500 社売上高ランキングをみても，日本企業の退潮傾向は明らかです。

　このような状況のもと，2017 年 5 月に経済産業省は「新産業構造ビジョン」を発表しました。その前年に発表された「中間整理」（2016 年 4 月）のなかで，日本の現状について次のように述べています。

　「『第 4 次産業革命』とも呼ぶべき IoT，ビッグデータ，ロボット，人工知能（AI）等による技術革新は，従来にないスピードとインパクトで進行しています。この技術革新を的確に捉え，これをリードするべく大胆に経済社会システムを変革することこそが，我が国が新たな成長フェーズに移行するための鍵となります」，と。そして，もし現状のやり方で安定を求めるならば日本はじり貧になる，と警鐘を鳴らしています。すなわち，ハード中心の漸進的なイノベーションに留まるならば，また雇用の流動化を促進することができないならば，「IoT（Internet of Things)」[8] がもたらす経済価値のおおきな変化に対応できず，海外の競争基盤の上でわが国産業が下請け化し，雇用機会が失われることになるのだと。「新産業構造ビジョン」はこのような状況の打開策，戦略について，くわしく提言していますが，いまここでは省略します。

7　リストラクチュアリング：利益の上がらない事業を売却したり，有望な事業を買収するなどして，事業構造を再編成すること。

8　IoT：あらゆるモノがインターネットを通じて接続され，相互に制御される状態のこと。

　日本企業の競争力を高めるためには，少なくともこれまで得意としてきた漸進的な（改善，改良型の）イノベーションだけでなく，根本的なイノベーションが求められていることは確実です。欧米発のアイデアを実用化し，独自の設計と品質技術を創造した商品開発能力に強みをもつ日本が，新領域においてイノベーションを行えるのかどうかが問われているのです。異業種連携や共創という言葉を多くの場所で目にするようになったことに，そのことがはっきりと示されていると考えられます。

　豊かな社会を創造するための課題は山積みですが，日本人，日本企業の能力を悲観視する必要はありません。チームとして協働する力，きめ細やかな製品づくりの能力など，他国と比べるのではなく自らを信じ，私たち一人ひとりがビジネスの革新者として日々地道に努力を続けることが大切なのです。そうすれば，ビジネスの明るい未来を必ず切り拓くことができると確信しています。

あとがき

　本書は，著者の旧著『ビジネス・アイ』ならびに『ビジネス・マネジメント』の担当章をもとに再構成し，既発表の文章の大幅な加筆修正および新たな諸章をつけ加えて書きあげたものである。著者の長きにわたる経営学の教育研究をもとに，ビジネスについての考えをまとめたものであり，いわば「企業論としての経営学」というべきものである。

　「まえがき」でのべたように，本書はビジネスをどうやってうまく行うかというビジネスのための書をめざしてはいない。そうではなく，ビジネスについて自分の頭で考えてもらうための書である。とくに，社会的機関としてのビジネスという視点をはっきりと示している。ビジネスを行う企業は，人体における肺や心臓と同じように，それなくしては社会の存在がありえない重要な機関（organ）なのである。

　今から70年以上前の著作において，ドラッカーは，企業を社会的制度（機関）ととらえ，これを3つの側面から理解しなければならないと述べている（P・F・ドラッカー著，上田惇生訳『企業とは何か』ダイヤモンド社，2008年。原著，1946年）。第1に，企業は自立した制度である，すなわち社会における中心的な経済的事業体としての目的を達成するという使命をもつ。第2に，社会的制度であるゆえに，社会の信条や期待に応える存在でなければならない。企業の要求や行動は，社会の基本的な信条や約束を実現するようなものでなければならない。最後に，企業の利益追求は社会の利益との調和をめざすものでなければならない。

　要するに，ドラッカーは，企業は社会の代表的な機関であり，社会の価値観に基づいて企業の内外の人びとの欲求を満たし，自身の健全な発展を遂げるべき存在であると述べているのである。このような考え方は，本書の基本的な立場でもある。企業はしばしば，まちがった行動をとる。社会に迷惑を

かけることもあれば，人びとを不幸にもする。このような行動はきびしく批判されなければならない。しかし，社会の代表的機関である企業をただ批判するだけでは，問題の解決にはならない。単なる批判を超えて，企業はどうあるべきか，企業をどのように経営すべきかといった問題について，社会の発展という観点から主体的に考えることが大切である。この課題について本書では十分な議論ができていないが，このような問題意識が本書の底流をなしている（より詳しくは，廣瀬幹好「規範，批判の経営学と政策の経営学——技術論的経営学の可能性——」『経営学論集第84集』を参照のこと）。

　自らの成長を願う人びとが，本書を読んでビジネスについて考えるきっかけをえることができ，そして読んでよかったと思ってくれるならば，これほどうれしいことはない。

　さて，本書がなるにあたっては，多くの方々のお世話になった。まず，会計に関する部分の下原稿を書いてくださった柴健次先生（関西大学大学院会計研究科教授），経済に関する部分について有益なご助言を賜った宇惠勝也先生（関西大学商学部教授）に御礼申し上げる。また，前著『ビジネス・アイ』の原稿をすべて読み，有益なご助言をくださった千住治子さんにも，遅ればせながらではあるが御礼申し上げたい。さらに，常日頃から社会的存在として未熟な著者をたえず叱咤激励し，ご指導くださっている畏友，黒田勇先生（関西大学社会学部教授）にも感謝申し上げる。

　最後に，出版事情が厳しいなかにもかかわらず，本書の構想をただちに了とされ出版をお引き受けくださった，前野隆社長をはじめとする文眞堂の皆さんに，厚く御礼申し上げる。

2020 年 2 月 22 日

廣瀬 幹好

索　引

編者紹介

竹林 浩志 (たけばやし・ひろし)

和歌山大学観光学部准教授

関西大学大学院商学研究科博士課程後期課程単位修得退学の後，大阪明浄大学（現，大阪観光大学）観光学部講師・助教授を経て現職。
専門はリーダーシップ論，なかでもチーム理論，チーム・リーダーシップ論，経営における人間行動理論，観光戦略論。編著書に『現代のチーム制』（同文館出版），『ホーソン実験の研究』（同文館出版）他がある。

編・著者紹介

廣瀬 幹好 (ひろせ・みきよし)

関西大学名誉教授，博士（商学）

大阪市立大学大学院経営学研究科博士課程中退の後，高知大学人文学部助手・講師・助教授，関西大学商学部助教授・教授を経て現職。関西大学商学部長・大学院商学研究科長，関西大学副学長を歴任。現在，工業経営研究学会会長。
専門はビジネス・マネジメント，経営思想史。著書に『技師とマネジメント思想』（文眞堂），『フレデリック・テイラーとマネジメント思想』（関西大学出版部），『ビジネス・アイ（第2版）』（文眞堂）他がある。

ビジネスとは何だろうか

2020 年 3 月 31 日　第 1 版第 1 刷発行	検印省略
2021 年 2 月 15 日　第 1 版第 2 刷発行	

編者　竹 林 浩 志

編・著者　廣 瀬 幹 好

発行者　前 野 隆

発行所　株式会社 文 眞 堂

東京都新宿区早稲田鶴巻町 533
電　話 03（3202）8480
F A X 03（3203）2638
http://www.bunshin-do.co.jp/
〒162-0041 振替00120-2-96437

製作・モリモト印刷

©2020

定価はカバー裏に表示してあります

ISBN978-4-8309-5068-1　C3034